betty

BETTY AUTIER

avec la collaboration
d'ANNE KALICKY

À mes lecteurs, à mes lectrices,
à tous ceux qui m'ont suivie jusque-là.

♡ betty

Direction littéraire
Guillaume Robert

Packaging, conception éditoriale, éditrice
Anne Kalicky, Comptoir éditorial

Relectures
Clémentine Sanchez

Direction artistique et conception graphique
Le Bureau des Affaires Graphiques

Assistante graphique
Magdalena Jajte

Photographies
Virgile Guinard

Fabrication
Louisa Hanifa
Christelle Lemonnier
Titouan Roland

Photogravure
Bussière, Paris

—

ISBN : 9782081393905
Dépôt légal : octobre 2016

betty

BETTY AUTIER

avec la collaboration
d'ANNE KALICKY

Flammarion

betty SOMMAIRE

Que le temps a passé vite depuis ma naissance, près d'Argenteuil, en banlieue parisienne, l'école, les années collèges, mes premières idoles, mes premiers jobs, mes premiers pas sur les planches du cours Florent et… mes débuts de blogueuse mode. Retour vers le futur ! Venez avec moi, je vous emmène tout droit dans mon passé !

Maintenant que vous savez tout sur ma « jeunesse », ça vous dirait de venir faire un petit tour chez moi, dans mon appart et… dans mon fameux dressing ? De me suivre le long d'une journée, sur un shooting ou encore en soirée, avec mes potes ? Venez avec moi, je vous montre tout ce que vous avez toujours voulu voir : mes fringues fétiches, mes chaussures préférées, mes accessoires de folie !

PRÉFACE

Par où commencer pour vous parler de Betty, celle que j'appelle par une multitude de sobriquets plus improbables les uns que les autres (dont je tairai la plupart), de Boulette à Madame Claude en passant par Yeta ou Betchine ? C'est une grande enfant enfermée dans un corps de femme, beau et désirable, qui se transforme au gré de ses humeurs. Je la trouve à la fois douce, pétillante et insupportable. Betty est un modèle de dichotomie en même temps qu'un cliché de la Femme avec un grand F. Une Parisienne, quoi, qui jongle avec ses irrésistibles contradictions à la manière d'un saltimbanque qui en oublierait parfois le monde qui la façonne.

Son parcours force mon admiration et celle de ses pairs, et a formé, en neuf ans de vie 2.0, une liste infinie d'émules. Il ressemble à une *success story* au pays de l'Oncle Sam, cette contrée qu'elle aime tant : partir de rien et toucher le soleil californien, sans jamais se brûler les ailes.

Pour moi, il existe plusieurs raisons à cette délicieuse ascension qui a mené Betty au panthéon de la blogosphère : son esprit visionnaire et sa volonté de partage qui, dès le départ, lui ont permis d'engager son projet sur une route alors encore en friche ; les voyages, ensuite, qui ont aiguisé sa curiosité sur le monde et ouvert son imaginaire, avec pour guide ses velléités de transmission que je crois fondamentalement pures ; la mode, bien sûr, qui enveloppe son quotidien comme un châle protège les épaules en hiver ; sa famille, enfin, pilier de tout, avec ses joies et ses peines sans lesquelles Betty ne serait pas Betty et encore moins Autier. Passées par là, au détour d'un chemin, des amours contrariées lui ont fait jouer aux montagnes russes dans une vie déjà bien remplie et un paquet d'amis, évidemment, récent chapitre auquel j'appartiens pour mon plus grand bonheur.

Si la vie d'une blogueuse mode a tout d'un conte de fées, sachez que ces fées s'habillent en Prada et n'ont cure de démonter les rêves à coups de phrases assassines et de regards malveillants. Le jugement, quant à lui, les détruit carrément et les rend moins éclatants. C'est fou comme le succès attise les foudres de ses semblables. Il faut donc apprendre à composer avec et c'est très exactement ce que Betty parvient à faire, bon an mal an.

Ce livre devrait en intéresser plus d'un ou… d'une car il regorge de vérités et de confidences d'une *girl next door* bien dans son époque, sensible et presque comme les autres. Betty s'y met à nue, sans fard mais avec beaucoup de faux-cils, en continuant ce qu'elle a toujours eu pour œuvre : partager sa vie aux moyens d'images, de conseils et de billets d'humeurs, avec peut-être parfois un petit filtre Instagram mais le cœur toujours à l'ouvrage.

Je me suis surpris, en écrivant ces lignes, à répéter maintes fois le mot « vie » dans mes phrases. Mais c'est bien de cela dont parle ce livre : d'une vie palpitante qui, un jour, s'arrêtera mais qui n'a pas fini de dérouler ses chapitres. Bonne lecture !

Benjamin Belin

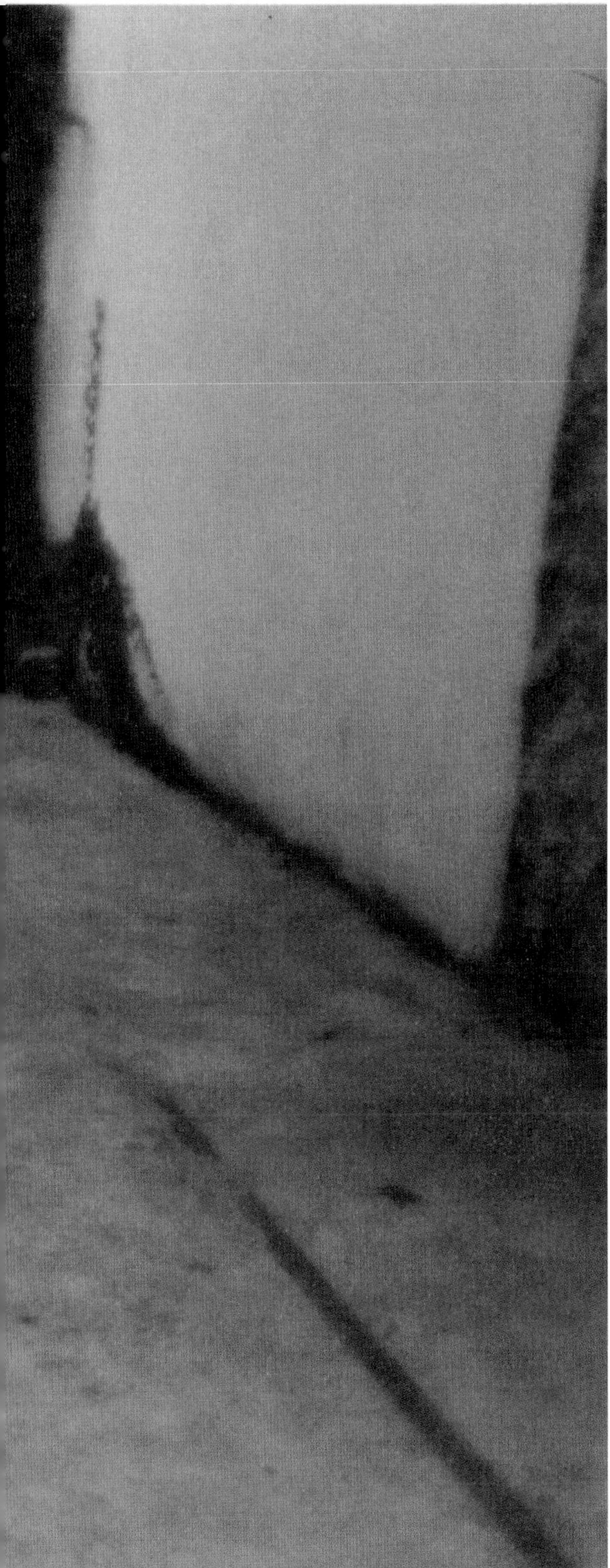

01

IL ÉTAIT UNE FOIS…

Que le temps a passé vite depuis ma naissance, près d'Argenteuil, en banlieue parisienne, l'école, les années collèges, mes premières idoles, mes premiers jobs, mes premiers pas sur les planches du cours Florent et… mes débuts de blogueuse mode. Retour vers le futur ! Venez avec moi, je vous emmène tout droit dans mon passé !

1989
Tu veux me tirer mon Yop !

TENDRE ENFANCE

Je suis née le 1er octobre 1983 à Argenteuil, dans le Val-d'Oise. J'habite alors dans une maison, à Méry-sur-Oise, une jolie petite commune située non loin du château d'Auvers-sur-Oise, célèbre pour avoir été le terrain d'inspiration de nombreux peintres comme Vincent van Gogh.

Mon père, Thierry, est représentant commercial dans une société fabriquant du lait infantile et ma mère, Gisèle, travaille dans un groupe produisant des matériaux et des systèmes d'emballage. J'ai une sœur, Julie, de trois ans mon aînée et je suis très proche de ma grand-mère, Oma, qui, elle, vit à Argenteuil.

Mon enfance est très heureuse, bien qu'elle ait d'abord été marquée par le décès mon père alors que j'ai à peine 3 ans. D'après les femmes de mon « clan », c'était un homme génial.

Je m'en suis donc toujours fait l'image d'un père idéal, et je me demande parfois ce qu'il aurait pensé de mon parcours et ce qu'aurait été mon existence s'il était encore en vie. Papa, je pense à toi tous les jours, je t'aime même si je ne te connais pas. Grandir au milieu de femmes sera donc l'histoire de ma vie, puisque j'ai passé mon enfance et mon adolescence avec ma mère, ma sœur et aussi mon adorable grand-mère, que j'allais voir chaque mercredi et chaque week-end. Elle était toujours présente et, d'origine allemande, elle cuisinait à merveille. Elle est décédée il y a quatre ans, à l'âge de 99 ans.

Ma mère.

Mon père.

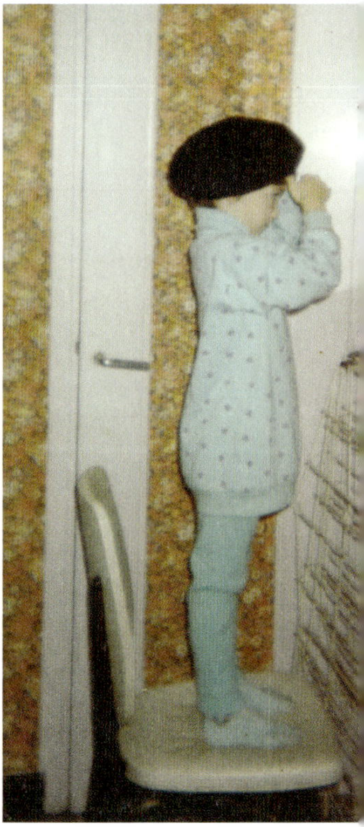

Ma grand-mère,
ma sœur et moi.

LE GOÛT DES VOYAGES

Ma mère, inconsolable après la disparition de mon père, s'est lancée à corps perdu dans notre éducation, à ma sœur et à moi. Mais elle nous a également communiqué très tôt son goût pour les voyages.

À toutes les vacances scolaires et dès qu'une occasion se présentait, elle nous emmenait aux quatre coins du monde. Nous avions conscience de cette chance et je ne la remercierai jamais assez pour ça. J'ai connu les tours jumelles du World Trade Center à New York, fait un safari au Kenya, découvert l'île Maurice, le Sénégal... De ces voyages, nous rapportions toujours des souvenirs exceptionnels. Le principal d'abord : l'émerveillement des yeux et de l'esprit, une culture générale qui s'affinait à chaque escapade, une grande ouverture d'esprit..., mais aussi (et déjà !) des souvenirs plus « concrets », en lien avec la mode – oui, soyons honnêtes, je vais beaucoup vous en parler. Je me souviens, par exemple, de m'être fait percer le nez à l'île Maurice. Là-bas, les femmes ont toutes un piercing dans le nez, c'est aussi commun que dans l'oreille. Autant vous dire qu'à 14 ans, en rentrant de vacances avec mon piercing, j'étais un peu la star de la classe !

Les deux autres villes qui ont marqué ma vie de modeuse sont bien sûr Londres et New York. Âgée d'à peine 10 ans, je dévalisais les boutiques du quartier de Camdem et les rayons de Topshop (qui était encore inconnu en France, d'ailleurs Internet n'existait pas non plus).

METROPOLITAN
POLICE

Je revenais avec des fringues folles. J'avais un look *underground* très coloré. Je portais des buggy shoes ou des Air Max, des matières ultra-visibles, des pièces vintage chinées aux puces de Saint-Ouen et les marques de l'époque : Cimarron, Lady Soul, Chipie, Levis, LC Waikiki, Naf Naf, Pimkie, Kiliwatch… Cet attrait pour la mode était sûrement déjà ancré en moi. Je forçais même ma mère à prendre mes looks en photo (eh ! ça ne vous rappelle pas quelque chose ?!).

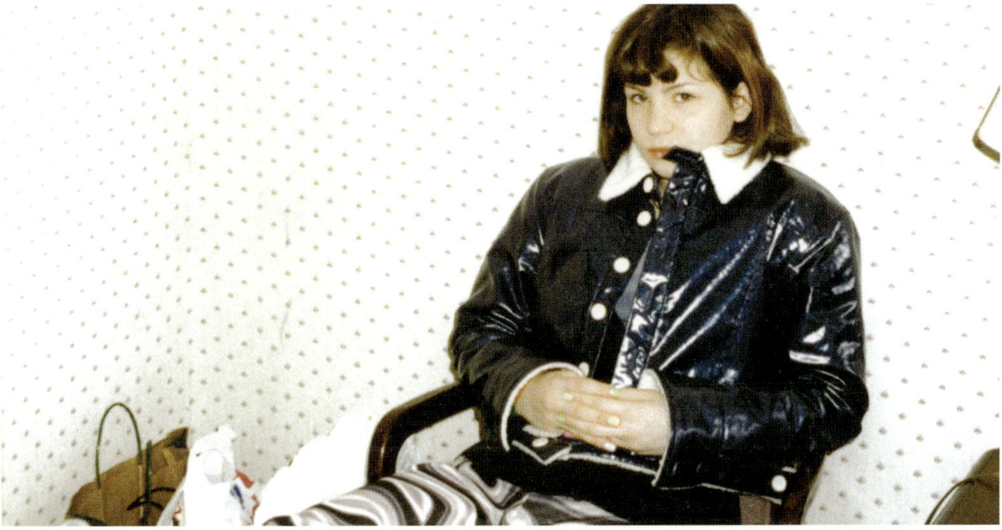

L'ÉCOLE ET MOI

À l'école, j'étais perçue comme l'originale de service.

Avec le recul et quand je revois les photos de classe, je ressemblais à un clown, on ne voyait que moi. Sur l'une d'entre elles, je suis en rouge et violet avec des chaussures orange, on ne peut pas me rater ! Aujourd'hui, j'adore penser qu'au moins, j'étais différente – je l'ai d'ailleurs parfois mal vécu, car nous savons tous qu'à cette période de notre vie, l'adolescence, il n'est pas toujours bienvenu d'être différent. Mais imposer ses goûts quand on est jeune, c'est aussi ce qui fait sa grande force plus tard, souvenez-vous-en !

Ma scolarité n'a pas toujours été facile. J'avais un rapport assez compliqué avec les professeurs, pourtant j'étais une élève plutôt sérieuse et pas trop mauvaise. Ils ont sûrement décelé en moi ce je-ne-sais-quoi qui énerve. Je dois cependant avouer avoir toujours eu une attitude désinvolte, peu concernée, j'étais relax, quoi ! Malgré tout, je respectais les règles, je rendais mes devoirs à temps, je faisais le job, le minimum syndical.

J'ai aussi vécu des moments d'injustice, et ça m'est resté. Je n'aime pas dire avoir été une victime, ça serait faux. Je n'étais ni rejetée ni turbulente, mais ça n'accrochait pas avec les profs. En maths, j'étais nulle. Un jour, j'ai eu zéro et la prof m'a envoyée au tableau pour faire la correction alors que je n'en étais pas capable. C'était stupide de sa part. J'ai pleuré et, le lendemain, je n'ai plus voulu retourner à l'école. Ça m'a vraiment marquée. Je n'aime pas le système scolaire, je trouve qu'il dévalorise l'élève, le stresse énormément et peut parfois même le détruire. D'ailleurs, je trouve qu'il est toujours intéressant de faire la distinction entre intelligence scolaire et intelligence tout court, les deux n'étant pas pour autant incompatibles. J'adresse donc un petit message à tous ceux qui rencontrent des difficultés : ne vous en formalisez pas, vous valez bien plus que ce que l'on veut vous faire croire !

« À TOUS CEUX QUI RENCONTRENT DES DIFFICULTÉS : NE VOUS EN FORMALISEZ PAS, VOUS VALEZ BIEN PLUS QUE CE QUE L'ON VEUT VOUS FAIRE CROIRE ! »

Mon P'tit
LOOK

MA SŒUR, MON MODÈLE

J'ai connu mes premiers « émois mode » un peu avant le collège, grâce à ma grande sœur qui m'a ouvert la voie.

Encore aujourd'hui, nous sommes très proches, très complices et assez semblables. Nous avons des vies différentes (elle a des enfants et est très engagée dans des associations pro-allaitement, nourriture bio, etc.), mais nous partageons les mêmes convictions. À l'époque, elle s'habillait dans des friperies et portait des vêtements « bizarres » : des manteaux en peau et des pantalons pattes d'éph'. Elle avait un look hippie et elle écoutait de la musique des années 1960. Elle avait un fort caractère et j'aimais la copier. Nous faisions du shopping ensemble à Paris, nous partions pour les mêmes destinations et vivions les mêmes expériences. Nous achetions des colorations en cachette et, en sixième, je me suis même rasé la moitié de la tête, pour imiter ma sœur, bien sûr ! Quand ma mère découvrait nos frasques, ça ne la faisait pas rire du tout : mais c'était trop tard ! Malgré tout, elle nous cédait beaucoup de choses, elle nous faisait confiance, et c'est sans doute pour cela que ma sœur et moi nous sommes permis autant d'excentricités. Je crois qu'en réalité, nous amusions et divertissions ma mère.

MES IDOLES, MON ENVIE D'ÊTRE CÉLÈBRE…

En 1996, à l'âge de 13 ans, ma meilleure amie s'appelait Isabelle. Nous avons fait les 400 coups ensemble. Elle était ma partner in crime*!*

Nous listions nos vêtements dans nos dressings, fabriquions des cahiers, faisions du shopping, lisions *20 ans*, *Bravo Girl* et *Miss Star Club*… C'est avec elle que j'ai découvert les Spice Girls, dont je suis devenue totalement fan. Elles ont été mes premiers concerts, mes premières larmes de bonheur, elles m'ont procuré le plaisir d'être admirative d'un groupe… Elles m'ont vendu du rêve ! J'ai chanté devant mon miroir, copié leurs looks déments,

fait des photos habillée en chacune d'elles (en sollicitant ma mère, encore une fois)... J'ai multiplié les stratagèmes pour les rencontrer, comme fabriquer un énorme carton rempli de bonbons et de photos de moi pour l'émission *Fan 2*, répondre à des concours en envoyant des enveloppes géantes pour être sûre de sortir du lot ou encore passer des jours et des nuits à tenter ma chance pour gagner des places de concert, au point de recevoir la note sans doute la plus salée de toute l'histoire du Minitel ! Et je gagnais ! Pas à tous les coups, mais parfois ça marchait. Je crois qu'à force de persévérance, j'avais déjà le feeling pour obtenir ce que je voulais.

Mais au-delà de l'admiration que j'éprouvais pour elles, les Spice Girls ont été une révélation. Ces cinq filles m'ont donné la furieuse envie de « devenir célèbre ». Vous savez, ce genre de chose que l'on n'ose pas vraiment avouer, car ça ne se fait pas de dire qu'on veut « devenir célèbre ». Pourtant, c'est bien de ça dont il s'agissait : être connue, mais pour une raison que j'ignore encore aujourd'hui. Je ne considère pas cette « ambition » comme quelque chose de malsain ou de bête : c'est juste normal d'avoir envie d'être aimée et reconnue pour ce que l'on est, parce que l'on pense sincèrement être unique au monde, non ? Ensuite, oui, il est préférable de se trouver une vocation, mais après tout, qui n'en a jamais rêvé ? D'autant plus à l'adolescence. Aucun problème avec ça, j'assume !

Après les Spice Girls, j'ai rapidement bifurqué sur Michael Jackson. J'étais attirée par sa musique complètement unique et hors du temps, son personnage indéfinissable et tellement secret (je continue de penser que c'est un extraterrestre), ses tenues tout droit sorties du futur, son aura magique... J'ai été l'une de ses plus grandes admiratrices et je le resterai éternellement, tout simplement.

LES ANNÉES LYCÉE

Au lycée, j'ai mis tout ça en veilleuse... C'était une mauvaise période, celle où être trop différente me portait préjudice.

Dans mon lycée de banlieue, il fallait avoir des Nike Cortez ou des Reqins, un sweat Sergio Tacchini, un bombers Schott, et aller en classe sans trop se poser de questions. Alors, pour la première fois de ma vie, je me suis un peu fondue dans la masse. Mais je n'étais pas vraiment moi. Et c'est aujourd'hui, quinze ans plus tard, que je reviens aux Cortez et aux Reqins, avec une pointe de nostalgie : la boucle est bouclée !

En terminale, je ne supportais plus d'assister aux cours, tout me révoltait : aussi bien la pression des profs que la manière mécanique d'apprendre mes leçons. J'ai décidé de sécher les trois derniers mois de l'année, juste avant le bac, au grand dam de ma mère qui pensait que j'allais rater ma vie. J'ai passé ces trois mois à apprendre et à comprendre le programme toute seule, de mon côté, chez moi, sans être parasitée par l'école. Résultat : j'ai eu mon fameux sésame avec mention. Mes profs, qui me voyaient peut-être déjà chômeuse à vie, sont devenus fous ! Chapitre clos, ma mère était soulagée : à moi la grande vie !

1997
Mes premières extravagances capillaires, blond qui vire au jaune.

L'APRÈS-LYCÉE, LES PETITS BOULOTS

Après le lycée, je m'inscris d'abord en fac de géographie, mais je n'y reste qu'une semaine.

Je m'oriente ensuite vers une école de maquillage à Paris. Pour moi, c'est un premier pas dans le milieu parisien, en particulier celui de la mode. Pendant un an, j'apprends les effets spéciaux, le maquillage des défilés et des plateaux télé, je rencontre de nouvelles personnes ; ça m'amuse beaucoup, mais ce n'est pas fondamentalement ma vocation. Je n'ai pas encore trouvé ma voie, et mon copain de l'époque envisage mon activité d'un très mauvais œil.

L'année suivante, je décide de m'inscrire au cours Florent. J'y reste deux ans. J'en garde le souvenir d'une très belle expérience. J'apprends à parler devant un public, je deviens moins timide, je prends confiance en moi, je rencontre des comédiens, des Parisiens, des gens qui m'en mettent plein les yeux et me motivent. J'aime le côté « libre » de cette formation. C'est autre chose que l'école. Bien sûr, il y a le trac de l'exposition sur scène, mais la pression n'est pas la même. C'est de la bonne énergie ! Je rentre tard le soir car je vis toujours en banlieue, à Herblay. Mon copain (toujours le même), lui, supporte de moins en moins mes nouvelles amitiés.Au bout de deux ans, je commence à faire des castings. Je suis repérée par une agence qui me décroche plein de rendez-vous.

1999
Mon miroir de star, le fameux mascara Great Lash de Gemey et… mon Biactol.

Au début, je trouve ça drôle, je me prends pour une star en déambulant dans le métro avec mon book de comédienne ; et puis cette situation finit par durer un peu trop longtemps et ça devient beaucoup moins amusant. Je ne remporte aucun casting, mon agence ne m'appelle presque plus, je me retrouve livrée à moi-même…

De l'euphorie, je passe à l'inquiétude : que vais-je faire de ma vie ? J'ai tout juste 20 ans et le sentiment de n'avoir encore rien accompli. Je décide alors de me rapprocher un peu de Paris. J'achète une jolie maison à Argenteuil, dans le centre-ville, et une petite voiture grâce à l'assurance-vie léguée par mon cher papa. Acheter une maison en banlieue à mon âge, quelle drôle d'idée, me direz-vous…

Je me mets à chercher du travail et j'en décroche un rapidement en tant que standardiste dans une agence de communication. J'ai des horaires de dingue : je pars de chez moi à 6 h 30, je rentre à 22 heures. Je tiens un mois, puis je repars sur le marché du travail et je décroche un mi-temps comme vendeuse chez Etam, dans le centre commercial d'Argenteuil. J'ai alors beaucoup plus de temps libre et je décide de me remettre sur le marché de l'*entertainement*. Nous sommes en 2006. Je fais des photos pour alimenter mon book, je m'inscris sur un tas de sites de castings et je suis très présente sur le Net, sur des forums mode ou sur Flickr, sur lequel on pouvait créer des groupes. Je suivais l'un d'entre eux, « Wardrobe Remix » : des filles du monde entier y postaient des photos d'elles avec leur look du jour.

« J'AI TOUT JUSTE 20 ANS ET LE SENTIMENT DE N'AVOIR ENCORE RIEN ACCOMPLI. »

« J'ENREGISTRE ALORS

15 000 VISITEURS UNIQUES

LE PREMIER JOUR.

LES STATISTIQUES GRIMPENT

EXPONENTIELLEMENT ET

JE DEVIENS ACCRO ! »

PREMIER BLOG, PREMIERS POSTS

Le 26 mai 2007, un samedi soir où je m'ennuie particulièrement, il me prend l'envie de créer mon propre site, sur lequel je posterai mon look du jour, mes shoppings, mon maquillage, ma nourriture, etc.

Je regarde rapidement les possibilités qui s'offrent à moi sur Google et il y a ce mot qui revient toujours : « blog ». D'accord, je vais ouvrir un « blog » ! Un peu au hasard, je choisis la plate-forme Overblog.

J'appelle mon blog *bettyjackson* (Jackson étant le nom de mon chien adoré, lui-même nommé en l'honneur, vous l'aurez deviné, de mon idole de tous les temps). Ensuite, c'est très rapide : en deux heures, il est monté. Et puis je préviens tous les gens qui me suivaient sur les autres sites et forums auxquels je participais que j'ai ouvert un blog et je les appelle à continuer à me suivre. J'enregistre alors 15 000 visiteurs uniques le premier jour. Je n'avais aucune notion des chiffres à ce moment-là ; je trouvais ça beaucoup, mais sans vraiment me rendre compte de leur réelle ampleur. Je me prends rapidement au jeu, j'affine le design de mon site, je fais des photos de moi avec mon petit appareil numérique, je m'éclate ! Je reçois des commentaires en français, en anglais, mais aussi en portugais de la part de Brésiliennes. C'était assez fou. Les statistiques grimpent exponentiellement et je deviens accro !

NAISSANCE DU BLOG DE BETTY

Et puis, un jour, alors que je suis à la caisse de la boutique Etam dans laquelle je travaille toujours, une cliente me demande timidement :

« Excusez-moi, c'est vous Betty Jackson ? » J'en reste bouche bée, je deviens toute rouge et j'acquiesce tout aussi timidement que la question a été posée. Au fond de moi, je suis hyper contente !

Cette scène va se répéter à plusieurs reprises, et ça commence vraiment à m'intriguer. À ce moment-là, j'ai environ 30 000 visiteurs uniques par jour sur mon blog.

Mon copain de l'époque (toujours le même !) n'a pas changé d'avis ! Il pense que me montrer sur Internet est ridicule, voire malsain, que je perds mon temps et que je ferais sans doute mieux de me trouver un « vrai job ».

Mais je suis tellement passionnée par ce petit site qui me donne chaque jour tant d'émotions et de bonheur que je décide d'aller plus loin, de concevoir un vrai site, encore plus beau, qui m'appartiendra à 100 %. Le 2 février 2008, je m'enferme chez moi, j'étudie Wordpress, les CSS, les codages, les designs… et, deux jours plus tard, je suis exténuée mais très fière d'avoir créé de A à Z, sans l'aide de personne : www.leblogdebetty.com

J'annonce sur mon ancien blog que je déménage et là, c'est la folie : en une semaine, j'atteins les 50 000 visiteurs uniques ! Mais ce n'est pas tout, les marques commencent à s'intéresser à moi et à me proposer des partenariats. Je réquisitionne alors ma mère pour me prendre en photo et je dis adieu à la télécommande et au retardateur de mon appareil. Je m'inscris en tant qu'auto-entrepreneur, ça devient sérieux ! Je démissionne de chez Etam pour me consacrer entièrement à ce nouveau travail qui me semble plein d'avenir. Je quitte également mon copain, sans doute jaloux de ce premier pas vers la réussite. Une nouvelle vie s'annonce !

2007/2008
Une de mes premières versions du blog.

Viktor&Rolf

Betty | Mes coups de coeur web... | Jeudi, avril 10th, 2008

Le nouveau site de Viktor&Rolf est tout vert, non en fait il est plutôt tout blanc, mais non, c'est officiel, il est ouvert! Allez j'arrête de vous embrouiller... Et à cette occasion la marque a organisé une petite soirée à laquelle j'ai été conviée... Pas de Viktor & Rolf à l'horizon, mais ambiance très bonne quand même, possibilité de tester le site en avant première, buffet bluffant, équipe très sympa ..

J'aime vraiment beaucoup ces deux créateurs, j'aime leur univers, leurs créations et c'est d'ailleurs pour ça que j'ai décidé de vous en parler (et non pas parce que j'ai eu Flowerbomb gratos!) C'est grave si je vous dis que j'ai vraiment commencé à connaitre V&R à l'occasion de leur collaboration avec H&M ? Et pourtant c'est vrai, j'en avais vaguement entendu parler avant, sans vraiment connaitre...

The new Viktor & Rolf site is now open. I like very much these two fashion designer, I like their universe, their creations and it is why I decided to speak about them I really began to know about V&R when they collaborate with H&M. It's true, I vaguely heard about them before, without really knowing them ...

Voici un petit mix des mes silhouettes favorites (sources : vogue.fr) ... Ces tenues résument parfaitement mon idéal modeux, c'est chic mais pas mémère, original mais pas trop extravagant... Bref, gros coup de coeur...

Here is a mix of my favourite silhouettes (origin : vogue.fr).... These outfits match perfectly my ideal of fashion, it is chic without being "grandma" , it's original but not too extravagant......

-Blogroll chérie-

** Le blog de la baronne daphnée **
Jeune Demoiselle
Le Monde de Tokyobanhbao
Alix, The Cherry Blossom Girl
Angie's sweet home
Babillages
Balibulle
Big Beauty
Blog to be alive
Boboniaa
Café Mode
Caroline Daily
Diditetelle et Diabolo
Don't be so french
Et pourquoi pas ...
Eugénie Bling Bling - Shopping Daily
Galliane, la grande fille Mode'lle
Garance
Grace's fashion week
Kitty & Cie
La Malle aux Trésors
La méchante
La Pipelette
Larende ma Copi
Le blog de Piti Pooh
Le boudoir de Mlle Elwind
Le FlickR de Lily french
Le monde de littlejujube
Le Monde est à Elle
Les Mod-alités de Cily
MARIEluvPINK
Mimnor - Sushi & Pédro -
Miss Fashion et ses bons plans mode!
Mode and the city
Punky B !
Smarty zabou
The Beauty and the Geek
The brunette
Tinky Minky
Toupie
Trois copines et la Mode
Zoé Macaron !

-Blogroll throughout the world-

Chic and Cheap
childhoodflames

Je change le design de mon blog régulièrement. C'est cool. Ça m'amuse.

HOME ♥ INSTAGRAM ♥ MAP betty LOOKBOOK ARCHIVES ♥ SHOP ♥

Bienvenue, Welcome, Bienvenida, Willkommen ...

Voila donc mon nouveau chez moi!

Une nouvelle adresse, un nouveau design, une bannière, confectionnée par mes soins, comme tout le reste d'ailleurs, ce qui expliquera certainement les petites erreurs ou petits bugs... Touchez du bois avec moi pour que tout se passe bien ! :-)

Alors quoi de neuf ?

Encore plus motivée pour vous présenter mes tenues, mes idées de looks, mes achats, trouvailles, bons plans en tout genre ...

Je vais essayer d'être une bonne élève et de poster plus régulièrement que ces derniers temps...

Alors voila c'est reparti pour un tour!

FIN DES ANNÉES 2000 : LE BOOM DES BLOGS

J'appartiens à la génération Internet. J'y ai eu accès en 1998, lors de la Coupe du monde. Le premier site que je visite est d'ailleurs celui de Fabien Bartez.

En 2002 naît Skyblog, fondé par la radio Skyrock, qui permet de créer et de gérer gratuitement son blog. Sa simplicité d'utilisation génère un grand succès auprès des adolescents et des jeunes adultes. Puis les plates-formes de blogs et les espaces personnels commencent à se multiplier. Ce nouveau mode d'expression me fascine.

Je surfe sur le Web, je télécharge, et j'ai naturellement envie d'y prendre une part active. C'est ainsi que j'ai fait partie des premiers blogueurs. Fashiontoast, Garance Doré, The Sartorialist, Bryanboy, The cherry blossom girl… Nous commençons tous à peu près au même moment. Les communautés sont d'abord très féminines. Nous étions nombreuses à vouloir partager nos astuces mode et beauté sur la Toile, et aussi à vouloir établir un lien entre les pays.

Ça semble évident aujourd'hui, mais c'était très novateur à l'époque. Le secteur se professionnalise vraiment autour de 2007 avec l'émergence des e-shops et des annonceurs. Nous devenons un média à part entière, un nouveau mode de communication.

MA VIE DE BLOGEUSE ET LE REVERS DU SUCCÈS

Cette nouvelle vie commence très fort, je suis invitée aux défilés des grandes maisons de couture et je prends alors conscience qu'à leurs yeux, j'existe.

Les grandes marques m'invitent à leurs événements. C'est encore assez irréel… Je repense à cette soirée de lancement pour le parfum *Flowerbomb* de Viktor&Rolf (c'est d'ailleurs à cette occasion que je rencontre Mathieu Lebreton, mon ex), aux défilés Chanel et Paco Rabanne ou Kenzo, entre autres, où je reçois plein de cadeaux. En 2009, je suis choisie pour être l'une des « Web ambassadrices » du sac bowling Coco Cocoon de… Chanel ! Imaginez, ou rappelez-vous, à quel point j'étais flattée !

C'est génial et en même temps très étrange. Ce qui était jusque-là super cool devient aussi parfois un problème : les blogueuses de l'époque sont un peu malmenées par la presse, qui les voit d'un mauvais œil. Nous sommes des filles normales, mais nous jouissons de privilèges. Nous sommes des *girls next door* et ça ne plaît pas toujours. Mais, surtout, c'est la première fois de ma vie que je me heurte à des critiques injustifiées venant de certains lecteurs : tout est mal interprété, tout est sujet à polémique. Je prends de plein fouet mes premiers commentaires virulents et ça fait très mal. En réalité, je ne m'y attendais pas et je n'ai pas compris pourquoi soudain tant de haine. Néanmoins, avec le recul, certains étaient vraiment hilarants.

Puis je m'y suis faite : moins je m'en souciais et moins il y avait de commentaires désagréables ! J'ai même fini par en rire. C'était pour moi une sorte de bizutage, un rite initiatique, un passage obligé qui a considérablement servi à me construire et à façonner mon métier de blogueuse. Grâce à ça, j'ai appris à relativiser, j'ai compris qu'il n'y a pas d'amour sans haine et que pour 5 % de choses difficiles à subir, il me restait 95 % de choses merveilleuses à vivre. J'ai aussi pris conscience que le jour où je n'aurai plus de *haters*, il faudra que je m'inquiète. J'ai lu que l'amour et la haine étaient des sentiments très proches qui s'extériorisaient de façon différente. C'est une manière détournée de garder le contact avec quelque chose ou quelqu'un dont on n'arrive pas à se passer. Le vrai drame pour une personne publique, c'est le détachement et l'indifférence des autres. Alors je n'irai jamais jusqu'à dire que c'est une partie de plaisir, mais l'adage « Qui aime bien châtie bien » n'a jamais autant fait sens !

OLYMPUS

« J'ai appris à relativiser, j'ai compris qu'il n'y a pas d'amour sans haine et que pour 5 % de choses difficiles à subir, il me restait 95 % de choses merveilleuses à vivre. »

MA COLLABORATION AVEC LANCASTER

Les collaborations « luxe » faisaient déjà partie de ma nouvelle vie. Mais l'une de mes plus belles rencontres a été celle avec Lancaster, en 2012.

La maison changeait d'image à ce moment-là et Marine, directrice générale de la maison Lancaster, et son mari Thierry Chang, directeur marketing et communication, m'ont invitée à un shooting à Montréal avec Elsa Hosk, une *Victoria Secret's Angel*. Premier voyage en *first class*, séance photo magique, amitié naissante entre Marine, Thierry et moi... Je suis évidemment tombée sous le charme de la maison Lancaster.

Ils m'ont ensuite proposé de dessiner un sac à main de A à Z. Vous devinez lequel ? J'avoue être vraiment très fière d'avoir créé le *Betty*, best-seller de la marque pendant deux ans, qui a donné naissance à d'autres modèles ensuite. Ce sont également eux qui m'ont permis d'avoir ma photo en pub sur les kiosques à journaux et dans les magazines *Elle*, *Glamour* ou *Biba*. En septembre 2013, Lancaster organise même une rencontre avec mes lecteurs lors de la Vogue Fashion Night. C'est la première fois que je suis en contact direct avec vous. La queue devant la boutique, rue Saint-Honoré, est immense. Je suis intimidée et émue. Marine et Thierry sont devenus mes anges gardiens. Ils ont toujours été là pour moi, pour me soutenir sur les plans personnel et professionnel ! Ma collaboration avec Lancaster a été un vrai tournant dans ma carrière de blogueuse, la concrétisation de mon métier.

Ce lien noué avec la maison Lancaster m'a offert l'opportunité de concrétiser de nombreuses autres collaborations. Rappelez-vous !

Fin 2013, je collabore notamment pour une campagne avec la belle maison Vuitton. Au *Shangri-La Hotel Paris*, sous le regard des

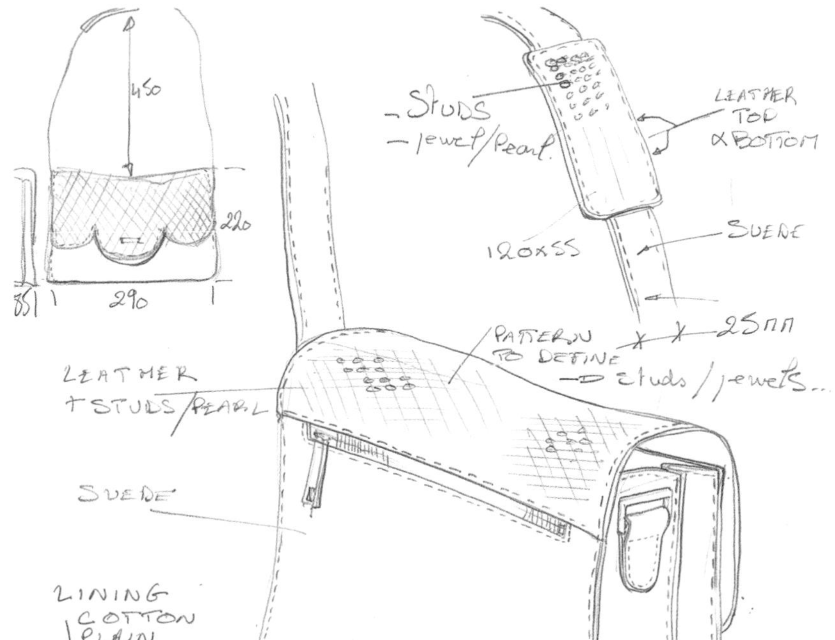

Esquisses réalisées par la maison Lancaster, sous la direction de Betty.

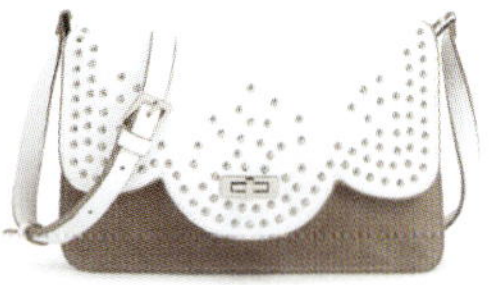

photographes Pascal Loperena et Franck Mura, je suis métamorphosée en femme classique chic pour représenter la collection automne-hiver 2013-2014, les accessoires et les sacs iconiques de la marque : le *Speedy 30 Bandoulière*, le *Keepall 45 Bandoulière Empreinte*, le *Speedy 20 Chain* et le *Speedy 25 Blush*.

Presque simultanément, je démarre une collaboration avec Gucci pour une pochette argent irisé.

Début 2014, je suis invitée à Los Angeles pour le vernissage de l'exposition Diane Von Furstenberg, *Feel like a woman. Wear a dress !* À moi le *red carpet* et son assemblée de photographes qui scandent mon nom ! Je porte une longue robe rouge fluide et je rencontre de nombreux acteurs, artistes musicaux et… *it-girls* comme Demi Moore, Paris Hilton ou encore la légendaire Anna Wintour !

En juillet 2014, je présente sur mon blog les lunettes *Bettie* de la marque Dsquared2.

À l'automne 2014, Mathieu et moi dévoilons notre collaboration avec la maison de haute joaillerie Boucheron. Nous sommes les ambassadeurs de la montre *Reflet*. La campagne se déroule à la piscine Molitor qui vient de rouvrir ses portes, au palais Brongniart, puis, naturellement, dans les salons intimistes de la maison mère, place Vendôme.

En novembre 2014, je fais la une du magazine *Paulette*. C'est ma toute première couverture et j'en suis encore très émue. D'un naturel timide, je m'y dévoile grâce à l'équipe qui a su me donner confiance.

À la même période, je poursuis ma collaboration avec Gucci, cette fois-ci pour le sac à dos *Gucci Bamboo*, que je choisis de couleur violette.

Au printemps 2015, je monte les marches du Festival de Cannes avec Dior. C'est aussi sur la Croisette que je fête les huit ans de mon blog !

En juillet, je pose à l'occasion de la sortie de la collection de maroquinerie *Roxette* de Mulberry.

Les collaborations s'enchaînent donc chaque année : Club Monaco, *WAD Magazine*… et, tout récemment, Givenchy, Lacoste, Naf Naf ou Barbara Lingerie. Chacune est une expérience forte, riche en rencontres et en émotions.

UN NOUVEL AGENT

En 2013, lors d'une soirée H&M, un ami me présente Patrick Lemire, directeur de casting et agent de stars chez IMG Models.

Oserais-je citer Miranda Kerr, Kate Moss et Gisele Bündchen ? Très précurseur, Patrick avait entendu parler de moi et s'intéressait de près au phénomène des blogueuses. Il croyait en moi, en mon potentiel, aussi ai-je accepté d'intégrer l'agence. C'était totalement dingue !

Pendant deux ans, grâce à lui, j'ai obtenu des contrats incroyables, comme celui avec Macy's ou la couverture de *Paulette*, des photos pour Louis Vuitton... Plein de choses que vous avez vu passer sur mon blog et sur les réseaux pendant ces deux années magiques.

Paulette
Le féminin fait maison
18
Dossier
Où est le sexy en 2015 ?
Exclusivité
Betty Autier nous dit tout !
Ciné
Reda Kateb
Mode
imprimés léopard, lingerie, velours
Je suis une fille miaou !
Betty 31 ans
Musique
Brigitte, Yelle
Et aussi
Norman fait de la scène, Jérôme Niel...
M 04919 - 19 - F: 4,00 € - RD

2K15 - 2K16

2015 a été jusqu'à ce jour l'année la plus étrange de mon existence. Je l'ai détestée autant que je l'ai adorée !

Mathieu (Lebreton) et moi avions prévu de déménager aux États-Unis. Mais ce projet animait surtout Mathieu. Vous connaissez la suite de l'histoire : nous nous sommes séparés, et je n'ai plus eu envie de me lancer toute seule. J'ai compris que c'était à Paris que je voulais vivre et poursuivre ma carrière, que j'avais déjà de belles occasions de voyager et que je n'avais pas besoin de partir.

Pour revenir sur ma séparation, car je sais que vous êtes très en demande de savoir ce qui s'est passé, je dois dire que je me suis fait larguer d'une manière pas très classe... Ça a traîné pendant un mois et demi. Je ne comprenais pas s'il s'agissait d'une rupture, d'un « break » ou d'un petit coup de lassitude passagère. J'ai fini par prendre les devants et clarifié cette situation qui tournait en rond. Bien entendu, quand on a vécu pendant près de six ans avec quelqu'un et qu'on l'a aimé, c'est très dur ! Objectivement, l'amour entre nous n'était plus tout à fait au rendez-vous depuis un moment, mais je dois admettre que la perte des habitudes et des repères, la peur de se retrouver seule, le flou soudain de l'avenir, la perspective d'avoir tout à reconstruire, c'était assez terrorisant !

D'autres événements tristes m'ont particulièrement atteinte : Patrick Lemire, mon agent chez IMG depuis 2013, est décédé en juillet ; j'ai également perdu mon chien Jackson (rappelez-vous qu'il m'avait inspiré le nom de mon premier blog, bettyjackson), mon lapin Gromeph, et Bouba, le chien de ma maman...

J'ai été tellement happée par tous ces changements que, je ne vous apprends rien, j'ai un peu délaissé mon blog ! J'ai éprouvé le besoin de faire une pause. C'était vital et, au bout de huit ans, il fallait bien que ça arrive. J'ai été moins présente, j'ai posté moins de photos, j'ai moins écrit, j'ai pris quelques kilos aussi... Certaines personnes n'ont pas compris que je traversais une période vraiment douloureuse et ont mis ça sur le fait que j'avais été quittée, que je n'étais plus capable de faire quoi que ce soit par moi-même et que j'étais perdue. Quelle frustration d'être incomprise !

Cependant, une fois le chagrin de ma rupture passé, je me suis sentie pousser des ailes. J'ai réalisé que je devais rebondir en accomplissant seule toutes les choses que je faisais autrefois à deux. J'ai gagné en assurance et acquis beaucoup d'indépendance. Ça a été libérateur et extrêmement gratifiant, ça m'a permis d'avancer très vite !

Personne ne se doutait de ce renouveau en moi et on me plaignait tous les jours d'avoir le cœur brisé. Pourtant, j'allais bien, mais il m'était impossible de m'exprimer sur ce sujet, car ça aurait probablement été interprété comme un mensonge pour donner l'impression que je gardais la tête haute !

En réalité, j'étais en train de découvrir des valeurs très fortes telles que l'amitié profonde, le soutien, la bienveillance de gens qui m'aiment et qui veulent le meilleur pour moi ! J'étais en train de vivre les moments les plus beaux et les plus décisifs de ma vie. J'avais besoin de prendre le temps pour un nouveau départ. C'était écrit, ça devait se passer comme ça !

Je crois que vous avez finalement ressenti et compris tout cela, et je vous en remercie. Vous auriez pu vous sauver ou aller voir ailleurs, mais non, vous êtes toujours là. Votre présence et votre soutien me font chaud au cœur. Vous êtes la plus belle expérience de ma vie et c'est probablement ce qui me donne l'envie permanente de me renouveler et d'avancer !

« Benjamin Belin est la personne la plus altruiste, la plus drôle et la plus dévouée de la terre. »

BENJBEL

J'ai mis à profit cette période de transition pour reprendre contact avec des amis.

La Fashion Week du mois de mars allait bientôt démarrer et il allait y avoir plein d'événements, autant d'occasions pour m'aérer l'esprit ! J'ai retrouvé des personnes que j'aimais beaucoup. D'autres sont entrées dans ma vie, et j'espère qu'elles n'en sortiront pas ! Marie-Danièle, Lucie, Charlotte, Alex et un tas d'autres amis que j'adore... Vous avez déjà dû les croiser sur mon compte Instagram, et vous les recroiserez sûrement !

Mais, surtout, je ne sais par quel miracle le destin a mis sur ma route une personne exceptionnelle : Benjamin Belin, qui est aujourd'hui mon meilleur ami. Je le connaissais depuis quelques années, mais de loin. Nous nous sommes rapprochés et j'ai appris à le découvrir. Benjamin Belin est la personne la plus altruiste, la plus drôle et la plus dévouée de la terre. Il est devenu l'une des personnes les plus importantes de ma vie. On s'aime d'une amitié inconditionnelle. Il est comme un frère pour moi. On a bien essayé de tomber amoureux l'un de l'autre au début, mais ça n'a pas marché, et heureusement, parce que je pense que notre relation vaut bien plus que ça ! Cette rencontre était inespérée et je souhaite à tout le monde de croiser un jour dans sa vie une personne comme lui. Il m'apporte énormément et j'espère lui apporter autant. Il m'a ouverte aux autres, m'a rendue plus drôle et beaucoup plus détendue. On a de grands projets ensemble. Mais chuuuut ! C'est encore un secret.

UNE VIE DE RÊVE

Ma vie est plutôt cool, je ne vais pas vous mentir!

Je voyage plusieurs fois par mois, je travaille d'un avion, d'une chambre d'hôtel ou d'un café, je gagne bien ma vie et toujours plus chaque année, je reçois plein de cadeaux et je possède un dressing de folie rempli de beaux vêtements ! Je suis invitée à des événements et des soirées prestigieuses où j'ai la chance de rencontrer des gens que je n'aurais jamais imaginé côtoyer avant : des staaars ! Des chanteurs, des comédiens, des couturiers, des mannequins, des grands chefs de la gastronomie, des photographes… C'est juste… incroyable ! Je me rappelle le jour où mon agence m'a annoncé qu'une semaine plus tard, je participais au shooting de la campagne européenne Naf Naf et que le photographe n'était autre que Terry Richardson. J'ai mis plusieurs jours à m'en remettre ! Ce shooting a été l'un de mes préférés depuis le début de mon blog. L'ambiance était géniale, je me suis amusée, et j'ai même oublié que j'étais avec l'un des plus grands photographes de ces dernières décennies !

Mes contrats sont maintenant devenus très sérieux et mon entreprise, un vrai business. Je travaille avec une équipe complète : des traductrices, plusieurs agents, une assistante… Des gens qui comptent sur moi !

Oui, j'ai la belle vie, mais sachez que derrière tout cela, il y a beaucoup de travail et beaucoup de pression ! Mais j'adore ça ! L'année 2015 s'est terminée sur de très belles notes : j'ai repris en main mon alimentation et j'ai rejoint une nouvelle agence (ZZO) avec laquelle je m'entends à merveille. En 2016, j'ai eu plein de beaux projets (dont ce livre), des collaborations avec des maisons prestigieuses en perspective… et le sentiment léger d'avoir l'avenir devant moi !

« Oui, j'ai la belle vie, mais sachez que derrière tout cela, il y a beaucoup de travail et beaucoup de pression ! »

02

BEHIND THE SCENE

Maintenant que vous savez tout sur ma « jeunesse », ça vous dirait de venir faire un petit tour chez moi, dans mon appart et… dans mon fameux dressing ? De me suivre le long d'une journée, sur un shooting ou encore en soirée, avec mes potes ? Venez avec moi, je vous montre tout ce que vous avez toujours voulu voir :
mes fringues fétiches,
mes chaussurespréférées,
mes accessoires de folie !

HOME SWEET HOME

J'ai grandi en banlieue et, avant d'habiter à Paris, j'ai vécu à Argenteuil. C'est là qu'est né mon blog.

Au tout début, j'avais un peu honte, je dois l'avouer, et quand je prenais des photos de moi, je cherchais toujours les endroits les plus neutres possible, comme des portes cochères, des murs blancs ou colorés, des éléments urbains qui n'évoquaient pas la banlieue. J'étais plus jeune et, dans mon esprit, Paris était *The Place to Be*. À l'époque, mon rêve était de devenir parisienne. Au fil des années, je suis devenue plus professionnelle et ce genre de souvenir me fait sourire aujourd'hui.

En 2010, j'ai enfin pu accéder à ce rêve en m'installant d'abord dans le 17e arrondissement de Paris, puis, en 2012, j'ai déménagé dans le 2e arrondissement. C'est là que je vis désormais, non loin de la rue Dussoubs, qui m'a souvent servi de décor pour mes articles. J'adore mon quartier et dans mon appartement, je me sens bien. Ça vous dit que je vous emmène y faire tour ? Allez, suivez-moi !

C'est un duplex. Au premier étage, il y a une entrée, un salon, une salle à manger, une cuisine et un petit balcon, dont j'aime profiter en été. J'y ai installé une table, des chaises, un canapé et un petit potager. Vous avez déjà dû l'apercevoir dans quelques-uns de mes articles. Au deuxième étage, il y a mon espace nuit : ma chambre avec une baignoire intégrée et un grand miroir. J'ai aussi un bureau où j'ai installé un canapé. C'est un espace plutôt transformé en lieu de détente où j'ai exposé mes sacs à main. Il y a également une salle d'eau avec des poutres apparentes au plafond, puisque je suis sous les toits de Paris. Et, enfin, il y a mon dressing : le fameux ! Celui sur lequel vous me questionnez régulièrement. Mais des vêtements, il y en a aussi dans l'entrée et… un peu partout. En réalité, toute place libre me sert de dressing !

J'adore recevoir mes amis chez moi. Il y a souvent du monde. Ben (Benjamin) et Midine (Marie-Danièle) ont même le double des clés : *mi casa es su casa*, comme on dit ! Je sais qu'un jour, il faudra que je quitte cet endroit que j'affectionne tant et qui a connu une grande partie des meilleurs moments de ma vie, mais…

« LE VRAI BONHEUR NE RÉSIDE PAS TANT DANS LE LIEU QUE L'ON OCCUPE, LE VRAI BONHEUR ÉMANE DES PERSONNES QUE L'ON AIME. »

je manque de place ! Je passe le plus clair de mon temps dans mon salon, j'y écoute notamment beaucoup de musique.

Je ne vous apprends rien, je voyage souvent. La majeure partie de mon emploi du temps se passe à l'étranger, dans des hôtels. Au début, j'avais souvent le mal du pays. Mais avec le temps, les hôtels sont devenus ma deuxième maison et les avions mon canapé de substitution ! Aujourd'hui, j'aime être en vadrouille, glisser la clé dans la porte d'une chambre d'hôtel et découvrir où je vais passer les prochains jours. Au fil des années, j'ai surtout compris que le vrai bonheur ne réside pas tant dans le lieu que l'on occupe, le vrai bonheur émane des personnes que l'on aime : collaborateurs ou amis ou… les deux à la fois !

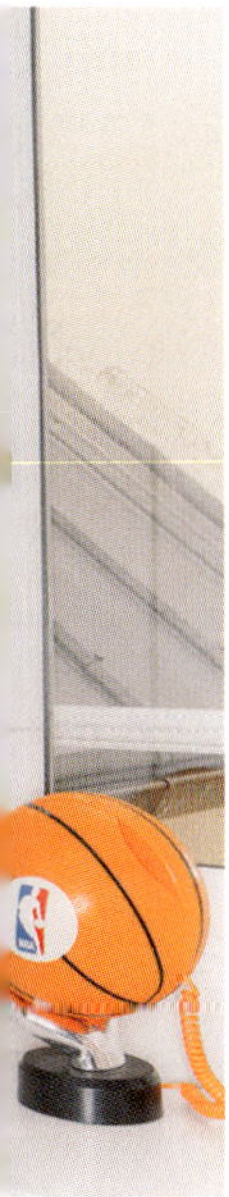

Michael Jackson
Duff
BEER
HELLO KITTY
BAIES

Schott

Coca-Cola

MON CREW

J'ai la chance d'être entourée d'une équipe solide qui me permet de déléguer la gestion des prises de contact, de mes contrats, de mes mails...

Bref, toute la partie administrative à laquelle je n'ai plus beaucoup de temps à consacrer !

Je me rends plusieurs fois par semaine à mon agence ZZO. Carol, Tristan et moi faisons des points très réguliers sur les projets et les campagnes à venir. Ils forment un peu ma seconde famille et je les aime fort. Il est très important, dans les relations professionnelles, d'être entouré de gens bienveillants, et c'est mon cas ! C'est à mon sens l'un des secrets de la réussite.

Dans mon équipe, il y a aussi Marie-Danielle, *aka* Midine, ou MD et Lucie. Elle m'assiste mieux que personne sur la comptabilité, les appels téléphoniques, elle voyage avec moi ou parle en mon nom. On dit parfois qu'amitié et travail ne font pas bon ménage, eh bien voilà une exception qui confirme la règle. Elles squattent même mon canapé le dimanche soir pour regarder *Harry Potter* avec Benjamin et moi ! Le travail et les amis, c'est totalement compatible, et je m'en étonnerai toujours !

À l'exception des shootings, où je m'en remets à l'équipe maquillage, je n'ai pas de maquilleuse attitrée. Je préfère me maquiller toute seule. Rappelez-vous, j'ai suivi une formation juste après mon bac et je maîtrise plutôt bien le sujet !

Enfin, ma mère a toujours été là pour moi. C'est elle qui m'a prise en photo à mes débuts, c'est elle qui m'a aidée à créer mon entreprise et c'est encore elle qui m'aide à gérer toute la partie administrative ; elle m'écoute, me conseille... mais, surtout, c'est à elle que je confie mes petites plaintes et mes grandes joies ! Ma sœur est aussi très présente, elle me soutient quotidiennement et like tous mes posts !

« IL EST TRÈS IMPORTANT, DANS LES RELATIONS PROFESSIONNELLES, D'ÊTRE ENTOURÉ DE GENS BIENVEILLANTS, ET C'EST MON CAS ! C'EST À MON SENS L'UN DES SECRETS DE LA RÉUSSITE. »

UNE JOURNÉE AVEC BETTY

On me pose souvent cette question : « À quoi ressemble une journée avec Betty ? » Eh bien, les jours se suivent mais ne se ressemblent pas. Les projets et les opportunités sont autant de nouvelles aventures à vivre chaque jour. C'est ce qui fait le charme de mon métier ! Je peux avoir des semaines avec seulement trois rendez-vous programmés et d'autres au rythme complètement fou.

LES JOURS DE FASHION WEEK

Les *Fashion Weeks* ont lieu deux fois par an à Milan, Londres, New York et Paris. Je planifie mon emploi du temps et mes rendez-vous à l'avance avec mon agent.

Ces journées sont à la fois épuisantes et très excitantes ! Il faut condenser en une semaine les essayages chez les créateurs, les défilés, et synchroniser tout cela avec le chauffeur qui m'emmène aux quatre coins de la ville. Les journées sont longues. Des dîners sont souvent organisés et sont suivis des fameuses soirées de Fashion Week où l'on retrouve des personnalités, les créateurs, les mannequins des défilés, etc. Ces *after shows* ont lieu dans des lieux magiques comme Les Bains à Paris et se terminent tard. Ce sont toujours des périodes très mouvementées, mais tellement enrichissantes. J'y ai fait des rencontres incroyables et j'en garde des millions de bons souvenirs. Aucune Fashion Week ne ressemble à une autre !

LES JOURS DE SHOOTING

Ces journées inoubliables commencent en réalité quelques jours avant, avec la réception du *call sheet*, la feuille de route qui donne tous les détails relatifs à la prise de vues : adresse et heure du rendez-vous, noms et numéros de téléphone des membres de l'équipe, composée d'au moins quinze personnes : vans, chauffeurs, assistants, coiffeurs, maquilleurs et, bien entendu, le photographe. En tant que modèle, je dois être l'une des premières personnes sur place. Je me lève très tôt, car le rendez-vous est souvent fixé vers 6 heures du matin afin de pouvoir démarrer le shooting à 8 heures.

Ces jours-là, j'ai en général le trac car je sais que je vais rencontrer une équipe nouvelle et encore inconnue. Je n'en dors pas de la nuit et je mets au moins quatre réveils pour être certaine d'arriver à l'heure. Mais, finalement, je suis toujours à la fois si excitée et si inquiète que je me réveille de moi-même 10 minutes avant l'heure de la sonnerie. Et je ne suis même pas fatiguée de ma nuit agitée ! Je me prépare rapidement, je bois un café, je ne me maquille pas, j'enfile une tenue *casual*, simple, dans laquelle je vais me sentir à l'aise : un sweat, un jean et des baskets. Une fois arrivée sur le lieu du shooting, je m'en remets aux assistants et à la maquilleuse, puis suit la séance coiffure. Le reste de l'équipe arrive au fur et à mesure : mon agent, les assistants photographes qui installent le matériel et enfin le photographe. Une préparation de 2 heures-2 heures 30 est généralement nécessaire avant que le shooting ne démarre. Et quand tout le monde est prêt, ça commence. Au début, c'est encore l'inconnu, puis ça s'enchaîne et ça devient très drôle. On fait une pause déjeuner relax où chacun apprend à se connaître. C'est encore plus détendu l'après-midi. Le shooting peut se terminer vers 18 heures ou vers 22 heures, ça dépend ! À la fin, tout le monde applaudit, comme sur un tournage de cinéma.

Real life vs. Reality.

Ensuite, soit chacun rentre chez soi si on a des impératifs personnels le lendemain, soit on dîne tous ensemble. Je repense par exemple à ce shooting pour Naf Naf avec le grand Terry Richardson. La séance photo s'est terminée vers minuit, mais toute l'équipe, quelques amis et moi sommes restés fêter cette campagne jusqu'à 6 heures du matin. C'était complètement dingue ! Si je ne reste pas, je rentre chez moi et je décompresse, je suis heureuse d'avoir accompli quelque chose de génial. En général, je m'offre un bon dîner (un gros festin même !) pour me récompenser ! Vous ne faites pas ça, vous : vous accorder un moment de plaisir après vous être dépassé ou vous être prouvé quelque chose à vous-même ? Puis je téléphone à quelques amis pour leur raconter ma journée et je me couche, fatiguée et comblée, me repassant les images de cette journée merveilleuse, avant de sombrer dans un sommeil profond.

Les coulisses d'un shooting.

UNE SOIRÉE AVEC BETTY

Par obligations professionnelles ou par plaisir, je sors beaucoup le soir. Je vais davantage en soirées ou dans des bars à l'étranger pour découvrir de nouveaux lieux branchés. Mais à Paris, ce que j'aime le plus, ce sont les « fêtes maison », avec mes amis. On se retrouve souvent chez moi. On commence par faire les courses ensemble et on prépare plein de choses à grignoter. On discute, on met de la musique, on danse, on se déguise ! J'ai un coffre rempli de vêtements

de princesse, d'homme de Cro-Magnon… J'ai même un déguisement de Wonder Woman ! J'ai aussi deux sumos gonflables pour faire des combats, des *segways* et toujours plein de ballons. On fait du karaoké ou alors je mets en route ma machine à fumée et le stroboscope. En réalité, j'organise encore des boums ! J'assume totalement, car ce sont des moments où je me sens moi-même, où je me libère aussi, où je ris, où je m'amuse beaucoup. J'ai toujours mon Polaroïd® sous la main pour immortaliser ces instants d'amitié précieux.

« CE QUE J'AIME LE PLUS, CE SONT LES FÊTES MAISON, AVEC MES AMIS. »

PLAYLIST

Zangaléwa, Zamina mina

Michael Jackson, Wanna Be Startin' Somethin'

Watermät, Bullit

Jack Ü, Mind

113, Au summum

T.I., What You Know

Yelle, Ce jeu

Travis Scott, Antidote

Queen, Bohemian Rhapsody

Ultimate Kaos, Casanova

ASAP Rocky, Wild for the Night

2 Unlimited, Get Ready for This

Major Lazer, Blaze up the Fire

Daddy Yankee, Gasolina

Abdel Kader, 1, 2, 3, Soleils

Sean Paul, Like Glue

Skrillex, Scary Monsters and Nice Sprites

LES JOURNÉES OFF

Ces journées sont celles où je n'ai pas de rendez-vous, en général le dimanche ! Souvent, je suis sortie la veille, ou bien j'ai fait la fête chez moi. Le lendemain, je ne me lève jamais trop tard. Parfois, mes amis ont dormi chez moi, ou alors je les appelle et les invite à venir me rejoindre ! On fait (ou on refait) des courses et on se prépare des plats réconfortants : tartiflette, gratins, pizzas maison, recettes du Sud-Ouest, raclette, etc.

Benjamin, Lucie et Midine adorent cuisiner. On enfile nos pyjamas et nos UGG, on déplie le canapé du salon, puis on regarde des films toute la journée et/ou toute la soirée. Ou alors on se raconte nos nos semaines respectives. On passe toujours de bons moments ensemble. J'adore ces instants qui me replongent dans l'adolescence. J'ai parfois du mal à croire que j'ai déjà passé la trentaine, c'est génial !

Les autres jours, plus « calmes », j'en profite pour rendre visite à ma sœur et ses enfants ou bien ma mère vient me voir et on déjeune ensemble. Je passe chez mon agent ou je travaille sur de futurs projets. Ce ne sont jamais les idées qui manquent !

CINÉLISTE

Clueless

Retour vers le futur 2

Very Bad Trip

La Mort vous va si bien

Un jour sans fin

La Ligne verte

Les Visiteurs

La Belle et la Bête

Scarface

Titanic

Shutter Island

Le Loup de Wall Street

Zoolander

Le Parrain

L'Exorciste

Peau d'âne

Rabbi Jacob

Grease

The Descent

Signes

Jurassic Park

Le Tombeau des lucioles

MES 10 TRUCS POUR

1.

Se placer face à une fenêtre
pour avoir une bonne lumière.

2.

Trouver un fond neutre ou super *cute*.
Personnellement, j'adore les murs blancs.

3.

Privilégier une photo en plongée et non en
contre-plongée pour éviter le double menton.

4.

En prendre plein, saturer la mémoire de
son téléphone jusqu'à ce que ce soit la bonne.

5.

Utiliser une perche à selfie pour les plus courageux.

UN SELFIE RÉUSSI

6.
Tourner la tête pour faire croire que c'est quelqu'un d'autre qui a pris la photo.

7.
Abuser des applis de retouche, notamment Facetune pour corriger les petits défauts.

8.
Ainsi que des applis de filtres : VSCO, PicFX et Afterlight.

9.
Tester Boomerang pour réaliser une petite vidéo.

10.
Nettoyer le capteur régulièrement pour éviter les photos floues.

Clic clac après 30 essais...

Avoir la main légère sous peine de ressembler à un cyborg. LOL !

BETTY EN QUELQUES CHIFFRES

1349 *articles publiés sur* **le blog de Betty**

17 000 000 *de visiteurs*

193 922 *commentaires*

MON RITUEL par jour

4 *connections sur Instagram*

2 *connections sur Facebook*

10 *connections sur Snapchat*

10 000 selfies *par an*

1 selfie *réussi* / **30** selfies *ratés*

900 000 *followers*

670 000 *fans*

125 000 *followers*

102 *paires de lunettes de soleil*

506
paires de chaussures

52 *sacs à main*

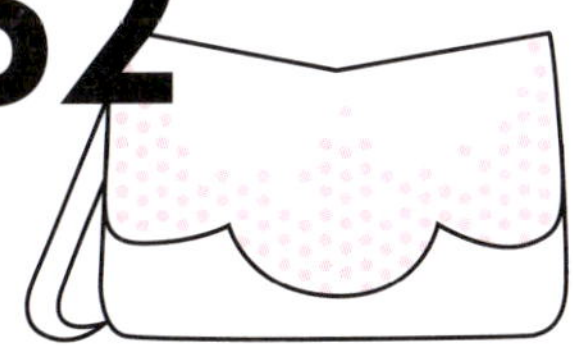

5 *saisons de*
Fashion Week

45
vestes

30 à 45
minutes
pour se préparer le matin

15
minutes
de maquillage par jour

TOUJOURS CONNECTÉE

Je suis une webaddict, comme vous pouvez vous en douter. Sans arrêt connectée, je passe beaucoup de temps sur mon smartphone.

Généralement, il affiche déjà les trois quarts de sa batterie vide au bout de 2 heures. En revanche, je n'aime pas les appels téléphoniques. C'est pour ça que la messagerie, elle, est toujours pleine !

Au début, je participais à de nombreux forums. J'ai monté un premier blog, puis un second… J'ai ouvert une page Facebook, je me suis inscrite sur Twitter et Instagram et je m'amuse sur Snapchat, Whatsapp avec mes amis, puis Périscope tout récemment. J'y passe beaucoup de temps. J'avoue être moins active sur Twitter que sur Instagram, et de plus en plus sur Snapchat. J'ai mes réseaux préférés ! Avec l'arrivée de la publicité sur Facebook, il y a moins d'interactions qu'avant, c'est moins ludique. Par ailleurs, les profils des followers sont très différents d'un réseau à l'autre. Loin de moi l'envie de stigmatiser qui que ce soit. Malgré tout, Facebook concerne aujourd'hui quasiment tout le monde, Twitter est plus geek et Instagram très féminin.

Je ne m'attache pas trop au nombre de likes – enfin, un peu quand même, mais ce n'est pas une grande préoccupation : c'est trop aléatoire et ça ne dépend pas toujours de moi. Il m'arrive par exemple de penser qu'une photo postée ne remportera pas beaucoup de succès alors qu'elle fait le buzz, et inversement. Le nombre de likes et/ou les commentaires de mes lecteurs est souvent surprenant – d'ailleurs, vos commentaires me touchent autant qu'ils peuvent m'étonner ! J'ai déjà évoqué du succès à mes débuts, mais aujourd'hui, je ne me laisse plus atteindre par les remarques parfois peu sympathiques que j'essuie parfois. Les pires commentaires me font rire et les meilleurs me font toujours autant plaisir !

« JE SUIS UNE WEBADDICT ! »

LES PIRES ET LES MEILLEURS COMMENTAIRES

BETTY, C'EST HORRIBLE ! MOCHE ! *Change ton blog entier, ça va plus, là. En plus, ça bugue. Tu te fous de nous ou quoi ? On ne peut plus rien poster. C'est du n'importe quoi ! Arrête franchement, tu perds ton temps avec tes vieux habits... Et c'est quoi ce petit sac ? Y a rien qui rentre. T'es pas une fille ou quoi ? Ensuite, j'aime pas ton haut doré : on dirait un papier cadeau, et ta frange, c'est passé de mode. Tu caches quoi en dessous ? Une calculatrice ? Ma belle, change tout ! Merci d'avance, et t'es pas un modèle photo. Betty, faut arrêter, là ! L'hôpital qui se fout de la charité ! En fait, je m'ennuie en science de gestion, on est sur le PC et je suis tombée sur ton vieux blog ! Je suis énervée ! Bref, supprime ton blog. Bon, Betty, je t'avais écrit toutes ces critiques mais c'est parti. Désolée, c'est pas grave, je résume : c'est horrible ta tenue, là. Faut arrêter, et aussi j'avais dit de supprimer ton blog car il est inutile. Stp, merci d'avance. Ça sert à rien. Habille-toi pour toi et pas pour les autres. Écoute pas les autres, c'est des hypocrites !*

EST-CE QU'ELLE NE GROSSIT PAS UN PEU DU GENOU ?

Félicitations *pour cet heureux événement !*

Tu trouves vraiment ton commentaire normal ? Sérieusement, c'est pénible et petit.

Je ne comprends plus trop ce qu'il se passe dans sa tête en ce moment, mais elle reste magnifique.

Tu pars en couilles, Betty ! Ciao !

Mdr ! *Je me suis chauffée tout à l'heure. J'ai lu tous les commentaires. Pour que Betty dégage : votez 1. Pour qu'elle reste, tapez 2.*

SI TU VEUX DES LOOKS, REGARDE LE CATALOGUE DE LA REDOUTE !

Je t'imagine bien assise dans ta salle de bains en train de manger du pop-corn et de lire les commentaires tous aussi bêtes les uns que les autres (qu'ils soient pour ou contre la photo). Qu'est-ce que ça doit être **pénible** *d'être « connue » parfois.*

C'est pathétique, ridicule et décevant de voir cet engouement autour d'une photo. Je comprends bien l'envie de donner son avis, mais les débats, les conseils et les critiques longues comme un rouleau de PQ neuf… Euh… Je comprends pas.

Je m'inquiète : je trouve que tu as perdu énormément de poids ces derniers temps, tu es devenue moche, mange un peu !

Coucou *la grosse ! Alors, c'est bon, tous ces donuts ? Fais gaffe, t'as grossi des cuisses !*

> *Elle s'habille très mal pour une personne qui se dit « blogueuse mode ». C'est ni fait, ni à faire.*

> *À quoi ça sert, ce genre de commentaires ? Pauvre Betty, elle s'en prend plein la tête pour pas un rond. Quand on n'aime pas, on ne follow pas... Betty for ever ♥♥♥ pour moi depuis le début !*

> *On te paye pour toujours faire la tronche sur les photos ? Ah non, pardon... ça fait partie du personnage.*

> *C'est cool, Betty rigole au moins dans son commentaire. Madame se la joue comme miss Beckham, pourquoi pas, c'est dommage de devenir de plus en plus fermée à mesure que son succès augmente. Bref, je ne manque pas de respect à Betty, j'en ai rien à faire.*

> *C'est d'une tristesse, les commentaires des pseudo-« amis » de madame de Betty pour la défendre. Ne sait-elle pas répondre ? Par contre, elle a l'air contente d'être défendue... Je croyais pourtant que tu ne répondais jamais aux posts ? Je suis d'accord avec les autres, le succès ne te va pas, Betty, tu es devenue puante, entourée de tes amis de la jeunesse faussement dorée. Je te suis depuis le début, tu étais si naturelle et pétillante,* **c'est tellement dommage**. *Je ne vais plus te suivre à partir d'aujourd'hui et je pense que je suis loin d'être la seule. Un mythe s'effondre, Betty n'est plus.*

#leschevillestropgonflees #tristesse #byebye

> *Hey, vieille meuf ! Si tu touches encore à Betty Autier, je t'arrache la tête,* **OK ?** *C'est toi la morue qui pue au fond de l'océan. Même les rats ne veulent pas de toi. Va mourir avec les méduses et arrête de nous faire chier. P.-S. : va chercher des amis ailleurs. On s'occupe très bien de Betty sans toi.*

Moi, je te préfère maintenant, tu es plus fun, avec des photos plus drôles sans prise de tête, et tu parais donc plus accessible.

À fond avec toi, **Betty !** *Le changement, ce n'est pas toujours facile, mais au final, ça fait du bien* **:)** *L'essentiel, c'est que tu restes toi-même. Je ne crois pas me tromper en disant que c'est ce qu'on aime ! Alors continue comme ça.*

Ce moment où je réalise que ça fait donc neuf ans que je te suis ! J'étais en cinquième et j'avais encore un skyblog. Personnellement, ça me fait du bien de voir une vraie personne qui s'amuse et qui ne bouffe pas des macarons à longueur de journée.

TU SENS LE KIRI, ÇA SENT LE CAMEMBERT JUSQU'À TRAVERS MON ORDI.

Enfin la vraie toi ! C'est moche à dire, mais finalement, la rupture te va bien. Bonne continuation et vivement la nouvelle version de ton blog ! Garde ton M, car tu es... **Magnifique !**

TU AS L'AIR D'UNE AMIE SUPER SYMPA, BETTY.

Eh ouais, être naturelle, drôle et désinvolte, ça ne plaît pas à la blogo-sphéro-fashion-police ! Mais ça fait tellement de bien ! Je te suis depuis des années et je t'aime encore plus ces derniers temps car tes posts collent plus à la réalité !

Tu es la **première** *blogueuse que j'ai connue. J'avais 15 ans et aujourd'hui, j'en ai 23. Je ne me lasserai jamais de tes photos et de tout ce que tu nous fais partager. Je te remercie car dans un sens, la découverte de ton monde m'a fait grandir. Tous ceux qui te sont fidèles seront derrière toi, même avec les changements que tu as envie de nous faire partager. Tu es pour moi la meilleure, la seule et l'unique blogueuse !* #mercibetty

Bisous, Beautier **:D**

Je te suis depuis 6 ans et tu es l'une des seules blogueuses avec lesquelles je ne m'ennuie jamais quand je lis tes posts. J'aimais qui tu étais avant et j'adore ce que tu es devenue. Enfin voilà, ton blog me fait rêver !

Je trouve ça extrêmement **bizarre** *: j'ai fait cette même photo exactement au même endroit, il y a deux mois. Alors, Betty, trouverais-tu ton « inspiration » chez les autres ? C'est un peu la honte pour une blogueuse soi-disant connue de ne pas avouer quand on copie les autres !*

Ah ! Ah ! *Tiens, c'est marrant, moi aussi, j'ai fait cette même photo, au même endroit, mais il y a un an. Étrange… Alors, ça voudrait dire qu'avant que Betty te copie, tu m'aurais également copiée ? Sachant qu'on ne se connaît pas, je vais miser sur une pure coïncidence et t'accorder le bénéfice du doute : une photo devant la tour Eiffel, c'est vraiment pas banal, hein ?* **:D**

J'aime, je like ! Tu es merveilleuse, beauté ! Mille bisous, petit ange.

Salut Betty, je t'adore. J'adore ton style de photos, ton look et ta personnalité. Reste comme tu es.

Je voulais te dire que **je t'adore**. *Je te souhaite une belle réussite pour la suite, tu le mérites. On attend avec impatience tes articles. Bisous, bisous !*

Merci d'être ce que tu es… une vraie dose d'inspiration… La cool attitude qui m'a également donné envie de créer mon propre blog ! Ça a changé toute ma vie ! Je te fais un bisou.

YOU ARE SO PERFFFF !

Juste un grand merci pour l'inspiration. J'admire tes goûts et ton talent modesque (oui, oui). Merci de nous faire rire sur Insta blog et Snap. Merci d'être restée toi-même, surtout après les épreuves de la vie. Belle leçon de vie ! Continue de nous inspirer en restant toi-même, Betty. **You rock !**

03

LIFE STYLE

Vous me le dites souvent : « Betty, tu as une vie de rêve ! », « Quelle chance ! Tu es toujours en voyage aux quatre coins de la planète »… Venez avec moi, je vous donne mes adresses préférées à Paris et ailleurs, mes astuces style et ma routine beauté. Et, comme tout n'est pas toujours aussi rose que la Toile veut bien le montrer, je me confie aussi : sur mes mauvaises habitudes et mes bonnes résolutions, mes problèmes d'alimentation et… mes projets futurs !

BETTY PARISIENNE

PARIS, C'EST CHEZ MOI

Paris et moi, ça ne fait que six ans. Mais quand je vivais à Argenteuil, Paris représentait tout ce qui me permettrait de faire quelque chose d'artistique : les écoles, les rencontres, l'indépendance, l'accès facile à la culture, les sorties, les écoles de mode ou de théâtre, etc. Aujourd'hui, je me sens 100 % parisienne. Paris, c'est chez moi. J'ai conscience de vivre dans la plus belle ville du monde.

MON CLICHÉ PARISIEN

Les endroits touristiques, *The place to be*, **les grands monuments**, alors que ce sont souvent les quartiers les moins parisiens, les moins intéressants.

MON QUARTIER PRÉFÉRÉ

J'aime mon quartier, **le 2e arrondissement**, mais aussi **le 10e**, là où ça bouge, où il y a des jeunes en terrasse, dans les bars, **le canal Saint-Martin**, les quartiers limitrophes du mien. **La rue Saint-Denis, Château-d'Eau**. C'est là qu'habitent mes amis. On est tous à 15 minutes à pied les uns des autres. **Le Marais** est également un quartier agréable pour se promener.

MON SPOT FAVORI

N'importe quelle **terrasse de café** où je peux observer les passants.

UNE ADRESSE DE RESTO

Cour des Petites-Écuries, dans le 10e arrondissement, une voie parisienne très animée où il y a plein de bons restaurants et de bars sympas.

UN CAFÉ

Le Napoléon, rue du Faubourg-Saint-Denis, et **le Café de la Poste**, rue de Turenne, dans le Marais.

UN COIFFEUR

Le salon **Konfidentiel**, dans le 1er arrondissement. J'aime l'ambiance chaleureuse et cosy de ce salon installé dans un bel appartement haussmanien.

UNE BOULANGERIE-PÂTISSERIE

Du Pain et Des Idées, dans le 10e arrondissement, où ils proposent des escargots choco-pistache, rhum-raisin, citron-nougat, cassis ou praline à tomber ! L'endroit est par ailleurs magnifique. Sans oublier **Éric Kayser**, une valeur sûre et… à côté de chez moi.

UNE TERRASSE

Le Rosa Bonheur sur Seine, port des Invalides.

UN BAR

Joséphine – Caves parisiennes, rue Moret, dans le 11e arrondissement, pour son désormais légendaire bar à vins et sa partie dancefloor.

UN MUSÉE, UNE EXPO

Le Palais de Tokyo, dans le 16e arrondissement. J'y vais quand il y a des vernissages d'expos d'art en collaboration avec des marques de luxe. J'adore ses restaurants, **le Tokyo Eat** et **Monsieur Bleu**, pour admirer la tour Eiffel. Et **Le Louvre**, bien évidemment.

UNE ÉPICERIE FINE, UN ENDROIT OÙ FAIRE SES COURSES

J'aime faire mes courses au **Causses**, à **La Grande Épicerie de Paris**, et au **Monop'** à côté de chez moi.

UNE LIBRAIRIE

J'aime aller fureter à **la librairie Delamain**, près du Palais-Royal, ou chez **Galignani**, cette librairie mythique de la rue de Rivoli. Sinon, c'est Amazon, je commande en ligne. Je lis des livres psychologiques sur la manipulation, un sujet qui me passionne. J'adore aussi les histoires de meurtres fondées sur des faits réels, c'est mon attrait malsain pour le morbide.

UN MARCHÉ

Le marché des Enfants-Rouges, dans le 3e arrondissement. C'est le plus vieux marché couvert de Paris. Mais je me rends au marché plutôt en vacances ou le week-end, quand je vais chez ma sœur. J'y fais mes réserves de bons produits du Sud-Ouest. La plupart du temps, je fais mes courses chez **les petits commerçants de quartier**, rue Montorgueil.

UN CLUB, UNE BOÎTE DE NUIT

Les Bains, **le Silencio**, **la Mano**. Mais les bonnes adresses se renouvellent sans arrêt.

MES ADRESSES SECRÈTES

Celles de mes amis, les endroits où je me sens le mieux.

UN HÔTEL POUR JOUER LES TOURISTES

Le Grand-Amour Hôtel dans le 10e arrondissement ; le cadre est agréable, il y a une bonne ambiance et la déco a été faite par André Saraiva. J'aime aussi **Le Mandarin Oriental**.

UN PARADIS DE LA FRIPPE

Les boutiques vintage à Paris sont assez chères. Mais j'aime toujours **Kilo Shop**. **Free'P'Star**, rue de la Verrerie dans le 4e, reste LA friperie parisienne tendance, et **Kiliwatch**, rue Tiquetonne, dans le 2e, où j'ai passé beaucoup de temps plus jeune, dont le concept est la vente de vêtements d'occasion au kilo, reste très cool.

UN CONCEPT STORE

Tom Greyhound, dans le Marais, rue Saintonge, et bien sûr **Colette**, rue Saint-Honoré.

MON STYLE

L'évolution de mon style depuis les débuts de mon blog

Au démarrage de mon blog, je shoppais dans les grandes enseignes comme H&M, Zara ou Camaïeu. J'étais plus jeune, je gagnais moins d'argent, je n'osais pas encore porter des pièces fortes et excentriques. Puis j'ai commencé à prendre de l'assurance, à m'intéresser davantage aux grandes maisons de couture, aux créateurs et aux pièces iconiques. Mes goûts en matière de mode sont devenus plus pointus. J'ai pu me permettre plus de choses ou me lâcher complètement. M'installer à Paris y a aussi sans doute contribué. Poser pour mon blog (devenu mon job à plein temps) a bien sûr joué énormément. Cependant, je crois être restée assez constante dans mes choix vestimentaires. J'ai toujours été attirée par le style des années 1980 et 1990, les vêtements colorés, les sequins, les paillettes ou la fausse fourrure.

Mon style aujourd'hui

Difficile d'avoir suffisamment de recul pour définir son propre style. Je fonctionne au feeling. Je peux enfiler des baskets et un Perfecto ou porter une robe romantique. J'adore aussi les vestes structurées, à épaulettes. Et je suis toujours aussi passionnée par les pièces vintage. Les artistes musicaux en général, Michael Jackson en particulier, la pop, le disco, la K-pop, les cultures japonaise et coréenne sont mes sources d'inspiration.

Je reviens inlassablement aux années 1980 et 1990 : un bombers Scott, des tee-shirts à l'effigie des acteurs ou actrices des années 1990, et même des boys bands de l'époque. Je suis un mix de plein de choses. Je suis ouverte à tout. J'essaie, j'observe, et si ça me va, je le porte. Mon dressing est rangé par couleurs. Je possède plein de Perfecto, des chaussures à paillettes, des slims en cuir, des boots. J'aime le look « rock star ».

Mes astuces style

Quand je ne sais pas quoi porter, j'enfile un slim noir ou en cuir, mes boots à paillettes noires Dolce & Gabbana ou mes Chloé à clous, un tee-shirt et un Perfecto. Je possède des paires de chaussures à talons confortables que je mets pour paraître mince et élancée. J'affectionne particulièrement les petits sacs en bandoulière, c'est très pratique quand je sors. Je porte peu d'accessoires. Je n'aime pas trop les boucles d'oreilles, je mets peu de bagues et jamais de bracelets, à part celui que j'ai acheté au Maroc, au jardin Majorelle, en 2015. Mes meilleurs amis possèdent le même. J'aime les chapeaux et les bonnets, mais je ne suis pas très coiffure ni accessoires cheveux.

Mes pièces préférées

Un Perfecto Camaïeu acheté en 2007 que je n'arrive pas à lâcher. Je le mets tout le temps. J'adore mes boots plates Chloé, que j'ai en noir et en rouge, et ma paire de Giuseppe Zanotti à paillettes. Je ne me séparerai jamais de ma veste rouge *Thriller* Michael Jackson, achetée sur eBay US en 2006, que je porte quand je veux me faire remarquer. Je me suis récemment offert un bombers Scott, une pièce incontournable des années 1990. À l'époque, je rêvais d'en avoir un. J'ai pu combler ce manque de ma jeunesse et, en ce moment, je le porte aussi tout le temps. J'ai également quatre micro-shorts à paillettes : un rose, un bleu, un doré et un noir, que je mets en soirée, avec un blazer. J'ai une collection de baskets Nike et Adidas : fluos, transparentes, réfléchissantes, etc. Sans oublier mon sac Lancaster, le *Betty*, que j'adore.

Les belles pièces que je possède mais que je ne porte jamais

Une paire de boots Miu Miu dorées à paillettes avec un gros nœud en velours rose. C'est l'une des plus belles paires que j'ai, mais je suis certaine que, dans dix ans, je les porterai comme une pièce vintage. J'ai aussi une paire d'Adidas Jeremy Scott avec des nounours. Elles sont super *cute*, mais pas faciles à porter à mon goût. Je mets de temps en temps mon blouson Jeremy Scott Adidas avec des ailes dans le dos. Je suis certaine que je le porterai plus souvent dans quelques années, quand la mode du bombers sera retombée. En plus, elle est dédicacée à l'intérieur. Vous ne me verrez jamais en ballerines ou habillée dans un style bohème-chic. Je trouve ça joli, mais ça ne me va pas.

Le shopping et moi

À part quelques boutiques vintage, je fais très peu de shopping en France, mais davantage à l'étranger. Je shoppe plutôt en ligne, sur net-a-porter.com, luisaviaroma.com, modaoperandi.com ou mytheresa.com. Et pour faire une provision de tee-shirts et de basiques avant de partir en vacances, je vais sur asos.com. Je dois aussi avouer que j'adore quand, lors d'une collaboration, une marque me propose de choisir quelques pièces dans sa boutique. J'hésite toujours un peu, car je ne veux pas abuser de ce privilège, mais c'est toujours aussi agréable et flatteur.

Ce que je ne porterai plus dans 10 ans, dans 20 ans ?

Je ne me projette pas vraiment. J'espère que je regarderai les photos d'aujourd'hui avec nostalgie et je me moquerai peut-être de ce que je portais avant. La mode aura changé, mais la mode est un éternel recommencement. On reportera demain les pièces que l'on trouve ringardes aujourd'hui. Il y a cinq ans, je n'aurais jamais imaginé acheter un bombers Scott. Je m'attends à tout, je suis prête à tout porter ! Ou peut-être que je porterai ma propre marque !

OSEZ LES ACCESSOIRES !

Quels sont tes accessoires mode préférés ?

Pour les accessoires, j'aime investir dans des pièces fortes de marques de luxe. Ce sont des valeurs sûres et les accessoires se démodent moins vite. Je possède une grande collection de chapeaux, de bonnets et de casquettes. J'adore ma chapka en fausse fourrure avec laquelle vous m'avez souvent vue. J'ai aussi plein de chapeaux de cow-boy, souvenirs de mes voyages aux États-Unis. Quant à ma collection de chaussures, elle dépasse les 500 paires. La moitié se trouve d'ailleurs encore chez ma mère. Je ne change pas souvent de sac à main, mais je préfère les petits sacs originaux, le *Betty* Lancaster, mais aussi un minisac Yves Saint Laurent très pratique pour y glisser l'essentiel. J'ai également une grande collection de lunettes de soleil chic ou fantaisie. J'aime particulièrement le modèle Fendi Iridia avec des verres miroir, une monture *cat-eye* et des cristaux sur le coin des verres. J'ai par ailleurs de nombreuses paires à mini mini prix qui ne craignent pas la mer et le sable. J'en ai aussi juste pour le fun, mais elles sont immettables !

Quels sont tes objets déco préférés ?

J'adore les bougies Brasilia d'Astier de Villatte, l'Amandine de chez Ladurée ou le vaporisateur d'intérieur Figuier de chez Dyptique. Chez moi, j'ai aussi plein de guirlandes électriques : sur le balcon, dans ma chambre, etc. Dans mon salon, j'ai une grande coiffe indienne que j'ai achetée en Arizona en 2012. Et, d'une manière générale, j'ai plein de jouets vintage : une poupée Michael Jackson achetée à Palm Springs en 2012 dans un antics, un Polaroid Spice Cam et un téléphone en forme de ballon NBA acheté en décembre 2015 aux États-Unis, dans un antics également.

MA ROUTINE BEAUTÉ

Voici une question que vous m'avez bien souvent posée : « Betty, quelle est ta routine beauté ? » Je vous révèle en exclusivité mes petits secrets et mes produits préférés.

Mon premier geste du matin est de me passer un simple jet d'eau froide, voire glacée, sur le visage. C'est idéal pour se réveiller et resserrer les pores de la peau. Puis j'applique ma crème hydratante, que je change assez souvent selon mes envies ou les saisons. Je privilégie plutôt les marques vendues en parapharmacie, Avène ou Nuxe, par exemple. Parfois, je mets un peu d'autobronzant.

Ensuite, j'applique mon fond de teint *Double Wear* d'Estée Lauder à l'éponge, puis un anti-cernes *Boi-ing* de chez Benefit. J'en mets aussi un peu sur les arêtes du nez et le menton : la fameuse zone T ! À la houppette, j'utilise la *Poudre universelle libre* de chez Chanel pour matifier sans marquer les traits. J'ajoute un blush Sephora dans les tons de brun-marron pour creuser les joues, et le blush *Orgasm* de chez Nars sur les pommettes.
Pour les yeux, j'applique d'abord un fard à paupières taupe irisé-pailleté de chez Sephora, Mac ou Urban Decay sur la paupière mobile. J'ajoute un fard blanc irisé au-dessus de la paupière mobile, sous les sourcils.

J'estompe au pinceau mousse ou au doigt pour éviter la trop grande démarcation entre les deux fards. Avec un crayon khôl noir waterproof de chez Make Up For Ever, je fais un trait au coin de l'œil, au ras des cils, que j'estompe. Je fais la même chose en bas et j'estompe aussi. Je ne mets pas de mascara, car je fais régulièrement des extensions de cils. Pour les sourcils, j'utilise le *Brow Artist Genius Kit*, la génialissime palette à sourcils de chez L'Oréal.

Pour la bouche, je préfère des lèvres naturelles. J'applique grossièrement mon rouge à lèvres Givenchy nude et j'estompe au doigt.

Je me parfume, mais pas tous les jours. Je change de parfum tout le temps. Je porte *Bal d'Afrique* de Byredo ou *Rahät Loukoum* de Serge Lutens. Quand je me parfume, j'en mets beaucoup. J'aime bien les odeurs sucrées, et même les parfums d'homme comme *Fahrenheit* de Dior.

Pour les ongles, je fais une manucure semi-permanente toutes les deux à trois semaines. J'ai la chance d'avoir des ongles assez résistants.

Je ne multiplie pas les crèmes ni les masques. Je prends des compléments alimentaires et je me démaquille toujours à l'eau micellaire Bioderma. C'est la clé pour garder un teint de pêche et retarder le vieillissement de la peau. Mes craquages beauté sont le plus souvent pour Sephora ou la marque Aesop : les packagings sont magnifiques. Lors de mes collaborations, on m'en offre aussi beaucoup, donc je pioche dans les nombreux cartons qui envahissent ma salle de bains. J'ai aussi un gros faible pour le soin des lèvres Amilab, vendu en parapharamacie. Il sent bon la fleur d'oranger.

Victime du marketing, plus le packaging est beau plus c'est désirable.

Qui a inventé la couleur rose ? Merci à lui du fond du cœur.

BETTY VUE PAR...

Son boulanger

« Betty ? Quelle petite mignonne ! Elle vient prendre des croissants et des pains au chocolat chaque matin en me jurant que tout n'est pas pour elle ! Mon œil ! »

La gardienne de son immeuble

« Trop de cartons ! La poubelle est remplie de cartons du lundi au dimanche ! Mais pourquoi mademoiselle Autier reçoit-elle autant de colis chez elle ? C'est un mystère... »

Un chauffeur Uber (lundi à 9 h 30)

« Charmante demoiselle, très polie... Vous avez des bonbons et une petite bouteille d'eau à votre disposition. » 5 étoiles !

Un chauffeur Uber (samedi à 3 h 04)

« Elle m'a obligé à brancher sa prise jack, j'en avais plein les oreilles. Ils ont pris tous mes bonbons (car ils ont insisté pour rentrer à cinq dans la voiture). Ma voiture, c'est pas un karaoké ! » 1 étoile !

Son coach sportif

« Très très motivée les premiers jours. Toujours au rendez-vous, à 8 heures du matin. On a même bien rigolé, parfait, ça musclait ses abdos. Puis elle a eu un peu de mal à rester régulière. Depuis quelques semaines, je la cherche. Vous ne l'auriez pas vue par hasard ? Je suis inquiet, j'hésite à lancer un avis de recherche. »

Un ex

« Ah, là, là, lààà ! Comment elle a changé ! Vous avez pas son 06, par hasard ? »

Sa voisine

« Il y a des va-et-vient très étranges à son appartement le week-end, des gens louches y arrivent déguisés. Betty semble fêter son non-anniversaire chaque semaine. Ils font même des concours de glisse sur matelas dans la cage d'escaliers… J'appréhende les soirées d'été où mademoiselle Autier semble être encore plus active ! Mais que font-ils ? »

Carol Mason, son agent

« Agent d'artistes et de mannequins depuis plus de 20 ans, je dois dire que Miss Betty m'aura beaucoup touchée. Attachante, elle sait se faire pardonner toutes ses frasques :) Jamais blasée, elle a SA vision du monde, une vision pétillante, fraîche et innocente. Elle fait que ce qu'elle aime et elle aime ce qu'elle fait. Avec elle, pas de compromis. Insoumise et boudeuse, elle disparaît quand le monde lui est trop pesant… et réapparaît quand cela lui chante. Alors, on l'attend, on s'inquiète, on s'agace… puis on revoit sa frimousse et tout passe. »

Anne Kalicky, son éditrice

« Avec Betty, on a gratté des Banco (j'ai gagné 3 €), on a bu des litres d'eau gazeuse et de thé rooibos. On a vapoté, fait des selfies, testé Périscope (j'avais par l'air "alèze"), trié des milliers de photos. Je lui ai laissé 19 messages et envoyé 24 SMS + 36 mails auxquels elle n'a jamais répondu. On a beaucoup rigolé et… Ah si ! On a fait un livre :) Parce que Betty, c'est une fille en or… Et quand elle veut quelque chose, elle arrive toujours à l'obtenir ! »

Sa mère

« C'est toujours délicat de parler de ses enfants tout en restant objectif. Mais je vais tâcher de l'être.
Betty a une sensibilité exacerbée lorsqu'il s'agit de domaines qui lui tiennent particulièrement à cœur. L'affectif prend le dessus, parfois même à l'excès. Mais jamais elle ne l'extériorisera.
Heureusement, son blog lui a permis d'acquérir une certaine indifférence sur le regard que peuvent avoir certaines personnes sur elle.
Si vous la décevez ou si vous trompez sa confiance, aucun retour en arrière ne sera possible. Elle ne pardonnera pas.
Une chose qu'elle déteste particulièrement : les personnes manipulatrices qu'elle " flaire " assez efficacement. Elle procrastine à l'excès, en particulier lorsqu'il s'agit de tout ce qui est paperasse. Les courriers ne sont jamais ouverts, les documents rarement remplis... La phobie administrative... vous connaissez ?
Mais Betty, c'est une personne avec un cœur gros comme ça, une fille que chaque mère serait fière d'avoir, et moi, je suis fière d'être sa mère. »

Cléo, sa nièce :

« Une fois, je suis allée à Disneyland à Paris avec ma tatie Betty. J'ai fait l'hôtel hanté avec elle, et à un moment, ça m'a fait très peur alors elle m'a fait un câlin. On est rentrés dans une boutique de bonbons avec Betty, j'ai cru que j'allais m'évanouir, car il y avait des sucettes énormes ! Betty m'a demandé de prendre une photo d'elle, elle m'a prêté son téléphone et m'a expliqué comment faire, c'est moi qui ai fait la photo où elle est debout devant le château de la Belle au bois dormant, avec un ballon Minnie. Quand on est allées se laver les mains, une dame l'a reconnue et lui a demandé si elle pouvait la prendre en photo.
Quand on va à Paris rendre visite à Betty, chez elle, elle commande toujours des sushis.
Quand Betty vient chez nous, je suis contente, mais quand elle repart, je suis triste.
Ce que j'aime, c'est quand Betty m'offre son vernis à ongle et son maquillage dont elle ne se sert pas.
J'ai toujours la peluche qu'elle m'a offerte quand j'avais un an. Elle n'était pas encore célèbre.
Betty est vraiment trop sympa.
J'aime beaucoup Betty et je suis fière d'elle. »

Sem, son neveu :

« Je suis allé deux fois à Disneyland Paris avec Betty, une fois à une pizzeria, et aussi chez elle. Ses affaires sont très intéressantes. Il y a des skates roulants électroniques et une machine qui fait de la fumée. Et un avion gonflable aussi. Un jour, je suis allé en vacances avec elle, elle nous achetait des cornets de glace tous les soirs. »

Julie, sa sœur :

« De Betty je peux dire que nous nous sommes beaucoup disputées adolescentes.
L'entrée dans l'âge adulte nous a éloignées. Peut être étions-nous chacune enfermées dans nos souffrances pour être attentives l'une à l'autre ? Je l'ignore.
Je crois que ce qui nous a rapprochées, c'est cette expérience incroyable de nos sorties du végétarisme, qui ont eu lieu la même semaine, sans que nous nous soyons concertées.
Mais, depuis nos "retrouvailles", je suis très émue de constater à quel point ma petite sœur a grandit.
J'ai l'intuition que vivre ce qu'elle vit (le succès, le fait de quitter son cocon d'enfance) est à mille lieux du cliché de la star arrogante. Au contraire, ça lui a fait gagner en douceur, en humilité, en acceptation inconditionnelle de l'Autre, avec un grand A.
Je revois cette petite fille triste et solitaire qui nous lançait : "Quand je serai grande je serais une star !", et nous qui nous moquions ! Pour moi, Betty est la preuve vivante que le rêve que l'on caresse toute son enfance peut se réaliser.
Je suis heureuse et fière de constater comme le succès, au contraire de tourner la tête de ma frangine, lui permet de relativiser, de prioriser ce qui est le plus important dans la vie : l'amour, l'amitié, les liens familiaux, la convivialité, l'entraide... »

Lucie, son amie :

« Lorsqu'on me demande, je prétends que j'ai rencontré Betty au collège car c'est le sentiment que j'ai.
Betty a été une "foudroyance" amicale et depuis, il y a eu notre voyage "in the Hamptons", nos WOW, nos régimes slices,...
Si vous ne comprenez pas tout, c'est tout simplement parce que chaque amitié est unique, et je vous souhaite à tous de trouver un jour une amie comme Betty. »

Benjamin, son ami :
« Betty est comme une petite marguerite qui se serait perdue au milieu d'un champ de ronces mais qui, malgré l'inextricable gravité de la situation, rebondirait tel un cabri, d'épine en épine, jusqu'à rejoindre le pays des licornes et des arc-en-ciels. »

Marie-Danièle *aka* Midine, son amie :

« Je me souviens de la première fois où l'on s'est rencontrées et pourtant... je me souviens rarement de mes premières rencontres. C'était à la soirée d'une amie et j'ai pensé : "Je vais enfin rencontrer celle qui passe autant de temps avec mon meilleur ami". Elle est venue vers moi et m'a dit : "Midine, je suis tellement contente de te rencontrer" ou un truc du genre.
On ne se connaît pas depuis longtemps mais j'ai tout de suite senti que l'on pouvait se faire confiance.
Betty, je la trouve géniale parce qu'elle est sincère, têtue, et entière. Elle est drôle, très drôle, décalée, désinvolte, belle, gentille, courageuse... Bref, je suis fière d'être son amie. »

MON ALIMENTATION

Si j'ai décidé de vous parler d'alimentation, c'est parce que j'estime que je fais partie de ces personnes qui contribuent parfois, à tort, à alimenter cette légende urbaine : « Elle mange de tout, tout le temps, et elle reste mince. » Aujourd'hui, je veux désacraliser ce mythe de la blogueuse filiforme ! Tout ce « truc un peu dark » autour de la nourriture mérite quelques explications. Je n'ai pas envie de vous parler de recettes, ni de repas types à base d'œufs pochés et d'avocado toasts postés sur une belle table en marbre, ni de bol de quinoa vegan parsemé de graines de chia. Je vais plutôt vous raconter mon parcours, en espérant dans un premier temps vous rassurer et, dans un second temps, pourquoi pas vous aider et vous donner espoir (oui, j'ose parler d'espoir !).

Quand j'avais à peu près 11 ans, ma sœur, ma mère et moi sommes devenues végétariennes, principalement par conviction, mais surtout pour défendre la cause animale dont nous nous sentions très proches ; c'est d'ailleurs encore le cas aujourd'hui. J'ai toujours été une enfant et une adolescente très mince. À cette époque, je ne contrôlais pas du tout mon alimentation. Je me souviens que, dans les années 1990, c'était compliqué d'être végétarienne. À la cantine, faute de plats adaptés à mon mode de nutrition, je me retrouvais bien souvent avec un paquet de chips et deux desserts pour compenser.
De manière générale, je n'avais pas une alimentation super-équilibrée, mais ce genre de chose me passait un peu au-dessus de la tête. Tant que je restais mince, je ne me posais pas de questions. Quand j'ai démarré mon blog, j'étais toujours assez mince. Puis, comme presque tout être humain normalement constitué, j'ai commencé à prendre quelques kilos

« AUJOURD'HUI, JE VEUX DÉSACRALISER CE MYTHE DE LA BLOGUEUSE FILIFORME ! »

avec les années. J'avais près de 20 ans, je grossissais un peu des hanches et des cuisses, mais rien de bien grave à mes yeux.

Mon exposition médiatique a sûrement joué un rôle important par la suite. J'ai commencé à être observée, scrutée même, chaque jour par des dizaines de milliers de personnes à travers le monde et, petit à petit, je suis rentrée dans le milieu peu tolérant de la mode. Je devais correspondre malgré moi à ses critères stricts, à ses normes, à ses diktats. C'est à ce moment-là que mes ennuis ont débuté. Je recevais régulièrement des commentaires sur mes jambes potelées, mes cuisses trop grosses, mon visage un peu rond. Un moindre pli sur un bras, un mollet, une cuisse, et les lecteurs pouvaient se montrer sans pitié.

J'avais beau être forte et sûre de moi, j'ai souvent été heurtée par ces commentaires de plus en plus méchants, voire virulents. Je ne comprenais pas, je me trouvais pourtant « normale » (juste la fameuse *girl next door*). On commençait à me traiter comme un mannequin, ce que je n'ai jamais revendiqué. Je devais être parfaite, sans un gramme de graisse ou de cellulite.
Alors, je me suis mise à faire du sport et des petits régimes par-ci par-là. Je perdais un ou 2 kg, pas plus, mais ça ne semblait pas suffire. Un jour, j'ai même été la cible d'un forum de filles en furie qui se sont acharnées sur moi de manière régulière et violente : chacune de mes photos y était soigneusement décryptée, puis critiquée. Je recevais des dizaines de mails par jour de leur part m'exprimant leur dégoût pour mon corps « flasque et mou ». Elles ont gagné ! Elles ont réussi à me faire me sentir grosse...

Et un jour, j'ai décidé de faire LE régime hypocalorique qui allait enfin mettre fin à ce cauchemar… Du moins, c'est ce que je croyais. J'ai perdu plus de 12 kg en quelques semaines. C'était en décembre 2012.

J'étais devenue fantastiquement mince, maigre même, mais mon visage, lui, était devenu triste. Je crois qu'il était le parfait reflet de mon âme : une fille triste parce qu'affamée. Conséquence : mon corps m'a rappelée à l'ordre très rapidement et je n'ai pas pu lutter. Pendant deux ans, j'ai tout essayé : j'ai eu une phase boulimique, une autre anorexique, j'ai jeûné, j'ai testé le régime Dukan ; aux États-Unis, j'ai acheté des médicaments interdits en France. Résultat : j'ai tout repris… avec un bonus de 5 kg ! Je vous annonce donc que tout ça ne marche pas et que ça détruira votre corps, et surtout votre cerveau !

Fin 2014, je suis au plus mal, je ne me reconnais plus et je me trouve tout simplement moche et grosse. Je regrette amèrement d'avoir déréglé mon corps avec ces yo-yos du poids, qui m'ont finalement valu de finir avec plus de kilos qu'avant. C'est également à cette période que je suis redevenue célibataire, et 2015 allait être une période de transition difficile. Rappelez-vous…

Ça me fait du bien de coucher ces mots sur le papier et de partager mes problèmes de poids avec vous, car c'était devenu un secret lourd et honteux. Or, je suis certaine que des milliers de personnes ont envie de lire ces lignes ! Pour ma part, j'aurais adoré lire un témoignage comme le mien à ce moment-là de ma vie !

MES ASTUCES POUR RETROUVER LA LIGNE

Comment me sortir de ces kilos en trop et de l'état de mal-être dans lequel toutes mes tentatives pour maigrir m'avaient mise ? Je veux vous faire profiter ici de ce que j'ai appris pour moi-même, mais sachez que ce qui fonctionne pour les uns ne fonctionne pas forcément pour les autres. Nos corps réagissent différemment et, surtout, nous ne sommes pas tous capables de la même chose. Cependant, je pense aussi qu'il y a des règles communes à tous. Je ne détiens pas la vérité, je ne propose pas d'avis médical, je veux juste partager mon expérience avec vous.

#1

Tout d'abord, j'ai cessé d'être végétarienne. Vingt ans d'excès de glucides et de manque de protéines m'ont laissé de nombreuses séquelles. Aujourd'hui, je remange de tout. J'aime toujours les animaux et j'essaie au maximum d'acheter de la nourriture éthique et bio. J'ai lu *Le Mythe végétarien*, de Lierre Keith, une ex-vegan revenue de son véganisme tout en cherchant à aider la planète et les animaux qu'elle adore par-dessus tout. Très intéressant, je vous le recommande ! Ce livre est plein de surprises et m'a appris les belles choses de la vie et, surtout, que j'étais une omnivore bien plus responsable que la végétarienne peu engagée que j'étais.

#2

Je suis également sortie de la boulimie grâce à un autre livre que je vous conseille vivement, vraiment ! *The Diet Cure*, ou *Libérez-vous des fringales*, en français, de Julia Ross. Il est facile à lire et je bénis les cieux de me l'avoir mis entre les mains : il a été l'une des clés de ma réussite. Il parle de la chimie du cerveau, de pourquoi nous faisons des crises de boulimie, pourquoi nous manquons cruellement de bonnes graisses – que l'on nous supprime dans tous les produits light. Elle donne aussi la liste des bons compléments alimentaires à acheter en libre-service en pharmacie, etc. Puis j'ai repris en main mon alimentation. Là encore, tout est dans le livre de Julia Ross : je mange les bons nutriments et les bonnes graisses ; je mange des viandes grasses, des légumes, du poisson et des salades. J'évite les glucides et je prends encore quelques compléments alimentaires pour rééquilibrer la chimie de mon cerveau qui a bien souffert pendant toutes ces années. J'ai perdu mon obsession de la nourriture, ça a été libérateur !

3

Mon médecin nutritionniste, pour lequel j'ai eu un vrai coup de cœur et sur qui je peux compter, est aussi l'une des clés de ma réussite. Il exerce dans le 1er arrondissement de Paris. Il suit mon poids et me donne des conseils. Je fais également des massages et des drainages dans son cabinet avec une machine super-bizarre qui m'enveloppe et fait du bruit, mais qui fonctionne très bien contre la rétention d'eau. C'est important de s'entourer de professionnels de la santé qui ne vous jugent pas et qui, surtout, vous soutiennent.

4

En ce qui concerne le sport, je n'y ai jamais vraiment cru, car ça ne m'a jamais fait perdre de poids, mais j'ai quand même intégré dans ma vie deux séances de boxe par semaine. Un coach vient chez moi me faire boxer et travailler le renforcement musculaire. Je dois avouer que c'est parfait pour avoir de beaux abdos et un corps moins mou !

5

Et, pour finir, je me permets quelques excès une fois par semaine. Attention, seulement une fois par semaine et pas plus, sinon on repart dans un cercle infernal et on reprend du poids. Une fois par semaine donc, le week-end le plus souvent, je bois un peu d'alcool, je mange, je m'amuse, puis hop ! Rendez-vous la semaine suivante pour un nouveau petit excès. Le lendemain, je me sens moche et grosse... Ah ! Ah ! Ah ! Mais il faut aussi profiter de la vie !

ASTUCES

Mes petits aliments magiques :

#1

Je mets toujours une petite cuillerée d'huile de coco dans mon café le matin. Les bonnes graisses ne sont surtout pas à éviter, elles vous amènent à satiété et vous permettent de ne pas vous jeter sur les glucides.

#2

J'évite au maximum de rester inactive et seule. C'est dans ces moments-là que l'on se jette sur la nourriture. Plus je suis entourée et moins je mange ! Et si vraiment je ne résiste pas : re-café et re-graisse de coco !

#3

Je cuisine moi-même, c'est super-important. J'achète les produits bruts dans la mesure du possible, j'enfile mon tablier et je me transforme en cuisinière. Je cherche principalement des recettes sans glucides avec du bon gras et des protéines. Par exemple, en ce moment, je teste une recette de pâte à pizza à base de chou-fleur. Si vous aimez le chou-fleur, vous pouvez également faire du taboulé de chou-fleur, c'est délicieux !

#4

Le konjac est une plante japonaise à zéro calorie, généralement transformée en poudre ou en pâte. J'aime uniquement la version déshydratée qui prend le goût des aliments avec lesquels on le réhydrate.

#5

Les cornichons, j'adore grignoter des cornichons !

#6

Je fais moi-même des bouillons de poule, avec la carcasse d'un poulet rôti. C'est délicieux et plein de bons nutriments.

#7

Ah ! Et il y a aussi Facetune et Photoshop ! Je plaisante, mais il faut bien l'avouer : on a beau être super-mince et super-musclée, il y a toujours un petit truc à corriger ! Ne serait-ce qu'un bouton à retirer ou un mauvais pli sur la jambe… Le tout étant de ne pas trop en abuser et de ne pas l'utiliser systématiquement au point de créer une image de soi totalement déconnectée de la réalité.

Et voilà ! Avec mes petits conseils, vous êtes désormais prête à poster votre OOTD (Outfit Of The Day) tout en faisant semblant de croquer dans un donut rose appétissant. Vous n'allez bien évidemment pas le manger, mais le donner à votre meilleure amie qui croit encore qu'elle aussi peut rester mince en « mangeant tout ce qu'elle veut », comme toutes ces filles sur Instagram.

MES 10 MAUVAISES HABITUDES

1.
Je suis bordélique et j'entasse.

2.
Je déteste répondre au téléphone quand je ne connais pas le numéro.

3.
Je procrastine.

4.
Je n'ouvre pas mon courrier.

5.
Je ne me brosse jamais les cheveux, ils sont tout le temps emmêlés.

6.
Je ne mets pas de crème sur le corps, j'ai la peau sèche.

7.
Je mets souvent les mêmes vêtements.

8.
Je commence des livres et je ne les termine pas.

9.
J'aime trop le pain, le fromage et les Snickers glacés.

10.
Je laisse tout allumé derrière moi.

MES 10 BONNES RÉSOLUTIONS

1.
Prendre soin de mes cheveux.

2.
Trier mes affaires.

3.
Tenir un agenda.

4.
Sourire sur les photos.

5.
Écouter de la musique moins fort.

6.
Moins saler mes aliments.

7.
Boire moins de Coca-Cola® Light.

8.
Être moins naïve.

9.
Manger plus d'huîtres.

10.
Faire plus de sport.

AL HAYAT
الحياة
«بيان فيينا» يضع مبادئ الحل... ويسعى الى «هدنة» شاملة
الحوثيون يعلنون فشل الحل ومواصلة الحرب

EN MODE GLOBE-TROTTEUSE

Les destinations qui m'ont le plus marquée

D'abord, j'ai longtemps appréhendé l'avion, notamment parce que ma mère craignait qu'il m'arrive quelque chose et que j'avais moi-même peur de la laisser seule. Mais avec le temps et mes nombreux déplacements seule, j'ai pris du recul et, depuis, j'ai vaincu ma peur – enfin, juste un peu au décollage. Très jeune, mon meilleur souvenir reste le Kenya, avec ma mère et ma sœur. Je me souviens des safaris, des animaux, des tribus massaïs. C'était très dépaysant, car ce sont des décors que l'on n'a pas l'habitude de voir. Mes road trips aux États-Unis sont aussi inoubliables. Aujourd'hui, j'ai le projet de recommencer avec mes amis. J'ai adoré Tokyo, en 2011. J'étais partie avec Lacoste pour la Vogue Fashion Night et je n'y étais restée que cinq jours. Les gens sont gentils et d'une politesse ! Ils ont des looks totalement fous et personne ne porte de jugement. C'est très apaisant d'être là-bas. Mais cinq jours, c'est trop court pour visiter cette ville incroyable. J'aimerais y retourner !

Mon astuce style pour voyager en avion

J'étudie toujours mon petit look : un pantalon à la cool, un blouson mignon comme mon bombers rose en satin et mes sandales Gucci, pour être à l'aise. Aucun vêtement qui ne serre, évidemment, et on oublie les talons !

L'essentiel dans ma valise

Comme toute fille qui se respecte, je pars toujours avec plus d'affaires qu'il n'en faut, normal. J'achète aussi pas mal de choses sur place parce que j'en oublie toujours. Généralement, je voyage avec deux valises : une pour mes vêtements et l'autre pour mes chaussures. J'emporte toujours mes derniers achats, ceux que j'ai envie de porter tout de suite. Des basiques également : un jean boyfriend, un slim noir, des tee-shirts blancs. J'emporte un maillot de bain, quelle que soit la température de ma destination ! Et un blouson aussi, même si je sais qu'il va faire chaud. Et puis je glisse plein d'accessoires : des chapeaux ou des couronnes de fleurs, pour agrémenter mes photos. Je n'oublie pas non plus mon autobronzant. Souvent, je « thématise » ma valise en fonction de ma destination.

Ma façon de voyager

Suis-je plutôt hôtel chic et confort ou trek de la mort ? Les deux en fait. Bon, je ne suis quand même pas une grande aventurière à sac à dos. J'aime bien mon petit confort et c'est agréable de séjourner dans de beaux hôtels. Mais aux États-Unis, les petits motels un peu roots, un peu crasseux, ambiance films américains, c'est cool !

MES SPOTS PRÉFÉRÉS À L'ÉTRANGER

Au États-Unis, j'adore l'hôtel Madonna Inn, à San Luis Obispo, en Californie, et le Saguaro, à Palm Springs pour son architecture colorée. Et à Rio de Janeiro, le Belmond Copacabana Palace et le quartier Lapa pour son ambiance cool, ses bars et la jeunesse brésilienne qui s'y retrouve.

MES RESTOS MARQUANTS

Le resto-concept Sketch, à Londres, où la déco est complètement délirante. Il ne faut notamment pas manquer les toilettes. Et Gonpachi, à Tokyo, un resto de sushis faits à la minute devant les clients. Il a notamment inspiré Quentin Tarentino pour une scène de *Kill Bill*.

UNE PISCINE

La piscine rouge de l'hôtel Unique à São Paolo ; le bâtiment est par ailleurs un véritable monument d'art moderne !

MES PÉCHÉS MIGNONS

Les chaînes Doughnut Plant, à New York, et In & Out Burger, dans l'Ouest américain.

UN BAR MÉMORABLE

Le bar Les Bains de l'hôtel Standard à New York. Il y a un jaccuzi, une boîte de nuit et un rooftop avec une vue imprenable sur tout Manhattan.

MES ADRESSES MODE ET DÉCO

La boutique vintage Jet Rag, à Los Angeles.
Nick Metropolis, à Los Angeles, c'est un antics où l'on peut acheter de grosses enseignes américaines, par exemple.
Opening Ceremony à New York.
Les incontournables marchés Portobello Road Market et Camdem à Londres.
Le centre commercial Laforet Harajuku à Tokyo : un mall qui s'élève sur 11 étages !
Le souk de Marrakech pour rapporter de jolis tapis berbères.
Le magasin 10 Corso Como à Milan, l'équivalent de notre Colette.

UN MUSÉE À NE PAS LOUPER

Le Whitney Museum à New York, un musée d'art contemporain situé juste à côté de l'hôtel Standard.

UNE TERRASSE DE NUIT

Le rooftop de l'hôtel Americano, à New York, où il y a également une piscine.

UN HÔTEL ROMANTIQUE

N'importe quel hôtel à Venise qui donne sur le canal. Et pour revenir en France : un Relais & Château, ou le Mas de la Fouque, en Camargue.

UN HÔTEL PHOTOGÉNIQUE

Le Madonna Inn, toujours, et l'hôtel Amangiri, dans l'Utah, près le la frontière avec l'Arizona, au milieu du Grand Canyon et de Monument Valley. Je rêve d'y aller !

Priority
KLM
CDG
AMS
PRIORITY
PEEL BACK

SAINT JAMES

SUR LES TRACES DE BETTY AUX ÉTATS-UNIS

ROAD TRIP 1

La côte Ouest (de Seattle à Los Angeles)

1. **Seattle**, *Washington*
   Flâner au **Pike Place Market**, marché fermier dans le quartier de Ballard.

2. **Rialto Beach**, *Olympic National Park, Washington*
   Visiter **Forks**, célèbre par la saga Twilight, puis aller admirer les arbres gigantesques de la **forêt tropicale de Hoh** (Hoh Rain Forest).

3. **Seaside**, *Oregon*
   Se promener dans le **mini-centre ville** Art déco.

4. **Cannon Beach**, *Oregon*
   Découvrir la belle plage de Cannon Beach et son **Haystack Rock**.

5. **Portland**, *Oregon*
   Dévorer les beignets incroyables du **Voodoo Doughnut**.

6. **Newport**, *Oregon*
   Admirer **le phare de Yaquina Bay** et le **Colony Rock**.

7. **Redwood National and State Park**, *Crescent City, Californie*
   Se trouver minuscule devant la **Redwood Forest**.

8. **San Francisco**, *Californie*
   Déguster les bons petits plats du **Bar Tartine**, dans Mission District, et petit-déjeuner comme dans les années 1950 au **Lori's Diner**, sur Mason Street.

9. **Monterrey**, *Californie*
   Visiter le somptueux domaine de style méditerranéen de **Hearst Castle** – des zèbres et autres animaux exotiques y errent toujours.

10. **San Luis Obispo**, *Californie*
    Séjourner au **Madonna Inn** et s'adonner à une séance photo digne des top-modèles, le spot est parfait !

11. **Los Angeles**, *Californie*
    Assister à **un match des Dodgers** au Dodger Stadium, puis manger une glace chez **Sprinkles**, sur Rodeo Drive, et faire les boutiques sur **La Brea Avenue**.

ROAD TRIP 2

Les parcs nationaux (de Los Angeles à Fort Worth)

1. **Los Angeles**, *Californie*
   Se promener autour de l'**Ace Hotel** Downtown Los Angeles, aller barboter dans la piscine du **Saguaro Hotel** (à Palm Springs) et dormir au **Pink Motel**, dans le quartier de Sun Valley.

2. **Joshua Tree National Park**, *San Bernardino, Californie*
   Louer une cabane au milieu du **désert** pour y observer le coucher du soleil.

3. **Désert de Mojave**, *Californie*
   Chiner des bijoux et des fringues vintage chez **Ricochet Vintage**.

4. **Death Valley National Park**, *Californie*
   Admirer **Bad Water Basin**, le point le plus bas d'Amérique du Nord.

5. **Las Vegas**, *Nevada*
   Visiter le **Neon Museum**, cimetière à ciel ouvert des vieilles enseignes de Las Vegas, puis faire un tour sur le **High Roller**, une grande roue, pour faire de belles photos de nuit.

6. **Page**, *Arizona*
   S'émerveiller devant les couleurs d'**Antelope Canyon** et faire un tour de bateau sur le **lac Powell**.

7. **Monument Valley**, *Arizona*
   Se prendre pour une cow-girl au milieu des merveilles naturelles et dormir à l'hôtel Amangiri.

8. **Chinle**, *Arizona*
   Randonner dans le **Chelly National Park**.

9. **Sedona**, *Arizona*
   Arpenter les **galeries d'art** de la ville.

10. **Phoenix**, *Arizona*
    Séjourner dans le luxe du Canyon Suites, à **Scottsdale**.

11. **Tombstone**, *Arizona*
    Se balader dans le **Boothill Graveyard**, cimetière de la fameuse ville fantôme.

12. **White Sands National Monument**, *Nouveau-Mexique*
    Faire de la luge dans le sublime **désert** de sable blanc.

13. **Socorro**, *Nouveau-Mexique*
    Se connecter aux extraterrestres grâce aux antennes paraboliques de **Very Large Array**.

14. **Albuquerque**, *Nouveau-Mexique*
    S'imprégner des cultures indienne et espagnole en arpentant **les ruelles de la ville**, puis s'arrêter dans un restaurant typique pour goûter aux piments.

15. **Roswell**, *Nouveau-Mexique*
    Visiter l'**International UFO Museum**, musée/centre de recherche spécialisé dans les soucoupes volantes, les ovnis et les extraterrestres.

16. **Marfa**, *Texas*
    Sur la Highway , tomber sur cette **fausse boutique Prada** qui est en réalité une œuvre signée Elmgreen et Dragset, puis aller jusqu'à **Big Bend National Park** et dormir dans la ville alpine.

17. **San Antonio**, *Texas*
    Flâner le long de la **River Walk** après avoir assisté à **un match des Spurs**.

18. **Austin**, *Texas*
    Aller faire un tour dans le premier **Whole Foods** à avoir ouvert, puis dormir au **Driskill Hotel**, le premier (aussi) hôtel à avoir ouvert dans la ville (attention, il est hanté !).

19. **Houston**, *Texas*
    Visiter le centre spatial de la **Nasa**, **Johnson Space Center**.

20. **Fort Worth**, *Texas*
    Passer une nuit au **Joule Hotel** de Dallas, pour sa piscine suspendue, puis filer à **Fort Worth** pour découvrir le village de western typique… et assister à un rodéo !

Ma collection de billets du monde.

Mon nouvel appareil argentique qui ne me quitte plus. Ma vapotte que j'ai perdue depuis.

SUR LES TRACES AILLEURS DANS LE MONDE

40

MON IMAGE AUJOURD'HUI ET MES PROJETS

« TU AS LA BELLE VIE ! »

C'est la phrase que j'ai sans doute le plus souvent entendue ces dix dernières années et… ce n'est pas faux. Je ne vais pas vous mentir. J'ai créé mon propre métier. Depuis, je donne l'impression d'être tout le temps en vacances, de recevoir sans cesse des cadeaux et de vivre d'insouciance… Mais laisser planer cette facilité de vie, c'est aussi exactement ce en quoi consistent mon existence et mon métier : « vendre du rêve », comme on dit.

À mes débuts, j'étais effectivement totalement insouciante, je fonctionnais par instinct, par « flair », puis, par la force des choses, je suis entrée dans un jeu à double face. Celui du succès, mais aussi celui de la pression. J'ai dû m'entourer d'équipes, d'agents, travailler avec de nouvelles personnes, faire des rencontres, donner ma confiance à des inconnus et sortir de mon cocon. J'ai également commencé à dépendre des autres, alors que je suis quelqu'un de très indépendant. Ma vie a radicalement changé, je n'étais plus seule dans ma maison à Argenteuil. J'ai dû accepter que d'autres (agents, clients, clauses de contrats, etc.) encadrent une partie de ma carrière et m'imposent certaines contraintes : poster telle photo à telle heure avec tant de hashtags, poser avec telle ou telle tenue, etc. Le revers de la médaille, ce sont les mauvaises langues jalouses et le contrôle d'une partie de mes choix et de ma vie. Mais c'est le jeu ! Avec le succès et les nouvelles responsabilités qui me revenaient, je me suis posé beaucoup de questions. J'ai connu des moments de doute et de grande pression. Ces phases parfois difficiles m'ont permis de comprendre que j'aimais évoluer en permanence, quitte à passer par des étapes pendant lesquelles je me ferais un peu plus discrète. Dix ans, c'est long, et c'est déjà incroyable pour moi d'être encore là, aussi présente sur la Toile après tant de temps.

Mais grâce aux réseaux sociaux, j'ai pu toucher une nouvelle génération de gens plus jeunes, souvent des adolescents, et je trouve ça génial ! Aujourd'hui, j'espère pouvoir encore continuer longtemps à travailler de manière aussi spontanée qu'au début. C'est la clé pour se renouveler. Et le jour où le besoin d'avancer me sera imposé, il sera alors temps que je me retire pour toujours ! J'irai peut-être vivre sur une île déserte, je me ferai un maillot de bain en noix de coco et une jupette en feuilles de palmier. Unique *outfit of the day*, je l'appellerai l'*outfit of the year* !

MON SITE WWW.BETTYAUTIER.COM

En attendant, j'ai encore plein de nouveaux projets et des idées plein la tête qui chaque jour m'animent énormément. Il y a eu mon blog, que j'ai décidé de ne plus alimenter ; ça m'aurait paru impensable il y a quelques années encore et pourtant, maintenant, c'est une évidence. Ce blog, je l'ai aimé, je l'ai chouchouté et, comme dans un vieux couple soumis à l'usure du temps, il fait désormais partie du passé. Les règles ont changé, je me suis lassée, mais il reste là, visible à jamais dans les archives d'Internet !

Une page se tourne mais une nouvelle s'écrit et un nouveau site voit désormais le jour : bettyautier.com. Pour celles et ceux qui ne l'auraient pas encore visité, c'est un album photo sans besoin de partager mon quotidien, mais plutôt des instants de vie, des choses précises qui en valent la peine à mes yeux. On ne peut plus y laisser de commentaires, car j'estime que ce n'est plus utile. Avant, les blogs étaient faits pour échanger, tout allait très vite. Je postais un article par jour, vous y laissiez des centaines de commentaires, c'était la folie ! Maintenant, c'est ailleurs que ça se passe ! Je trouve par exemple qu'Instagram, YouTube ou encore Snapchat ont une interactivité beaucoup plus intéressante.

LA MUSIQUE

À tous ces nouveaux projets, j'ajouterais la musique, qui a toujours occupé une grande partie de ma vie. Il y a dix ans, lors de mes premières interviews, je me rappelle que j'en parlais déjà : je voulais chanter ! Ça m'a suivi pendant de nombreuses années, et puis j'ai vite été prise au piège du flot de questions de mes lecteurs et rien ne venait. Pourquoi ? Tout simplement parce que ce n'était pas le bon moment. Je me suis moi-même embourbée dans des promesses, comme une enfant capricieuse qui pense pouvoir tout obtenir tout de suite.

La musique n'a jamais quitté ma vie, mais c'est justement par respect pour elle que j'ai décidé de ne pas la mettre en avant dans mon quotidien numérique. J'aimerais que tout arrive naturellement et pour les bonnes raisons, exactement comme lorsque j'ai créé mon blog, en 2007. Et comme les multiples propositions commerciales que j'ai reçues et que j'ai refusées, car elles m'auraient menée à une perte certaine. La musique, c'est ma vie, et j'ai envie de lui faire honneur. J'espère un jour partager cela avec vous, et si j'arrive à faire vibrer dix personnes, eh bien… ce sera déjà une belle récompense !

J'ai encore plein d'autres projets, mais je préfère ne pas les dévoiler pour le moment… sans doute pour ne pas attirer le mauvais œil !

04

#ASKBETTY

Il y a quelques mois, je vous interrogeais, sous le prétexte « secret-défense » d'un projet ultra-secret : celui de mon livre ! Je vous invitais à me poser vos questions les plus drôles, les plus curieuses, les plus osées… Vous vous êtes lâchés et tous vos messages me sont allés droit au cœur. Dans ce dernier chapitre, j'ai voulu que, cette fois, la parole vous soit donnée, chers fidèles lecteurs !

Est-ce que l'on t'offre tous les habits que tu portes pour les shootings, les achètes-tu toi-même ou bien est-ce que ce sont des prêts ?

En général, je reçois des cadeaux, mais j'achète quand même la majorité de mes vêtements, car ces cadeaux, si généreux soient-ils, ne me correspondent pas forcément. Je continue à m'acheter pas mal de choses.

Si tu pouvais remonter le temps, quels conseils la Betty actuelle donnerait à la Betty qui vient de poster son premier article sur leblogdebetty.com ?

Je lui dirais : « Invente Instagram » ! Tu vas le revendre 1 milliard de dollars à Mark Zuckerberg. Je lui aurais aussi dit de ne pas faire attention aux critiques, de ne pas être affectée, d'être blindée. Mais c'est plus facile à dire qu'à faire.

Si tu devais inviter cinq célébrités à dîner, qui seraient-elles ?

Farrah Fawcett pour lui demander comment avoir la même coupe de cheveux sans devoir poser des extensions, Jean Imbert pour qu'il cuisine à ma place, Beyonce pour qu'elle nous fasse un petit *live* entre le fromage et le dessert, Philippe Sollers pour nous faire la discussion et, enfin, James Franco pour lui faire du pied sous la table. Sinon, les Spice Girls, parce qu'elles sont cinq ! Et Michael Jackson en *guest star*, mais c'est trop tard.

Quel est l'homme le plus sekkksy du monde ?

En ce moment, Justin Bieber et A$AP Rocky (sous réserve de trouver quelqu'un de plus sexy dans 6 mois).

Quelle pièce ultime de ton dressing sauverais-tu du feu ?

Toujours ma veste Michael Jackson, l'incontournable de mon dressing.

Que penses-tu de la chirurgie esthétique ?

Je n'en pense que du bien quand c'est bien fait. Je pense que plus tard j'y aurai recours, les résultats seront encore plus sûrs que maintenant. Je n'aime pas que les gens diabolisent la chirurgie. C'est triste quand ça devient une obsession et que la personne est ravagée ou défigurée par les multiples interventions et opérations et, surtout… qu'elle ne s'en rend pas compte. Mais si ça peut permettre de se sentir bien dans sa peau et de bien vieillir, c'est génial. Je crois qu'il faut aussi se fier à ce que dit ton entourage, si c'est trop ou si c'est nécessaire.

Did you ever think about stopping being a blogger?

En plein dans le mille si tu as lu mon livre ! Je serai toujours blogueuse, mais je ne veux plus m'enfermer dans cette étiquette. Je ne veux pas être que ça. Je suis trop curieuse d'une façon générale pour rester cantonnée dans ce métier.

Comment penses-tu que ton métier de blogueuse va évoluer ?

Il faut se diversifier et se renouveler, car tenir un blog, c'est très éphémère, ça ne marche qu'un temps. Au bout d'un moment, il faut proposer d'autres choses, être sans cesse inventif : créer sa ligne de vêtements, monter sa chaîne YouTube, etc. C'est comme dans tous les métiers. Il faut savoir que les plates-formes deviennent obsolètes. Poursuivre sur les réseaux sociaux est une bien meilleure idée, à l'heure actuelle.

Quelles sont tes mensurations ?

Ça dépend des années ! Je mesure 1 mètre 66, je pèse entre… +10 et -10 kg, et je ne connais pas mon tour de poitrine. Je ne porte pas de soutien-gorge.

Quel serait ton meilleur conseil pour bien commencer un blog et toucher une large audience ?

Il faut l'écrire en anglais, c'est la base pour toucher le plus de monde. Il faut proposer quelque chose de nouveau, être créatif. Ne pas juste refaire ce qui a déjà été fait.

Penses-tu encore à une carrière dans le cinéma en tant qu'actrice ou ton métier de blogueuse te suffit amplement ?

Je n'ai jamais pensé à une carrière d'actrice. J'ai compris que je n'étais pas faite pour ça, ça ne m'intéresse pas trop, même si ma formation m'a servie. Mais ce n'était pas pour moi.

Côté vie privée, à quand des mini-Betty ?

Ouuuuh ! Pas pour le moment. J'ai envie d'avoir des enfants, mais pas tout de suite. Je me sens toujours très jeune. Mais ça peut arriver n'importe quand. C'est un projet à long terme, disons.

À tes débuts, tu prônais la mode à petit prix. Puis ton style et tes choix de marque ont évolué en fonction de tes collaborations, de tes opportunités et peut-être aussi de ton porte-monnaie. Mais penses-tu être, stylistiquement parlant, la même Betty qu'à cette époque ?

Je pense effectivement avoir gardé une constance et une cohérence dans ce que je porte. Je suis restée fidèle à mon look, sauf qu'au lieu d'acheter les copies, aujourd'hui je peux m'offrir les vraies pièces. Le succès de mon blog m'a permis d'accéder à des pièces dont je rêvais et d'affiner ou d'affirmer mon style.

As-tu déjà envisagé de profiter de ta notoriété sur la Toile pour défendre une cause ?

Oui, j'y ai pensé quand, à l'époque, j'étais végétarienne. Je n'ai pas réussi parce que je suis très fragile, très sensible, et que le sujet des animaux est aussi très *touchy* pour moi. Il y a eu un moment où je voulais parler des vraies fourrures, mais les commentaires ont rapidement fusé, c'était très violent, du coup j'ai arrêté. Même quand je portais de la fausse fourrure, les gens s'acharnaient dans leurs commentaires. Je défendrai peut-être une autre cause plus tard, mais à l'heure actuelle, je n'ai pas encore trouvé celle qui me tient à cœur.

Tu préfères les donuts à la fraise ou au chocolat ?

Je préfère les donuts sans glaçage, mais fourrés à la crème. Ce sont les beignets que j'aime le plus. Mais j'aime surtout toutes les pâtisseries françaises, les tartes aux fraises, les éclairs au chocolat, les viennoiseries, etc.

Quel métier aurais-tu fait si tu n'avais pas été blogueuse ?

J'aurais peut-être été maquilleuse professionnelle pour le cinéma, la mode ou les effets spéciaux, suite à ma formation. Sinon, je voulais être chanteuse dans un groupe de filles et être la leadeuse. Et petite ? Vétérinaire, sans doute comme beaucoup de monde.

Ce que tu aimes le plus chez toi ? Et ce que tu aimes le moins ?

J'aime mon humour et je suis facile à vivre. J'aimerais bien être ma propre meilleure amie. J'aime ma tête, je me trouve jolie ! J'aime le tout. Si je prends par petits bouts, rien ne me plaît, mais l'ensemble me plaît. J'aime bien mes ongles, ils sont très résistants. Je suis assez persévérante, mine de rien. Je me donne les moyens quand je veux quelque chose, alors que je suis plutôt à la cool d'habitude. Quand je veux, je peux.
Je n'aime pas mes cheveux qui sont trop fins, et mes fesses sont trop bombées. Sinon, j'ai faim tout le temps.

Quels sont tes films préférés ?

Retour vers le futur 2 et *Clueless*. Ils ont bien vieilli tous les deux. *Clueless* est un film d'ados, c'est la référence dans le genre pour moi. Je le trouve très drôle. *Retour vers le futur 2*, c'est le meilleur film de la planète. J'aime tout l'univers de ce film. Je les regarde toujours dans l'avion quand ils passent.

Quelles sont tes séries TV préférées ?

J'ai toujours été fan des *Simpsons* (même s'ils perdent en fraîcheur à mon sens) et des *Griffin* (*Family Guy*, en anglais).

Quelle est la chose que tu aimerais beaucoup faire mais que tu n'as pas eu l'occasion d'accomplir ?

J'aimerais aller en Amérique du Sud. Je ne connais que le Brésil et j'aimerais visiter l'Argentine, le Paraguay. Un road trip en Amérique du Sud, ça serait un rêve ! Ou me marier sur un yacht.

Est-ce que tu tenterais une coupe de cheveux courte ? Genre un carré ?

Non, ça ne me fait pas envie. J'ai longtemps eu les cheveux courts toute petite, et je m'aime comme ça, avec mes cheveux longs. En revanche, je tenterais bien un blond platine.

Is your own clothing brand something that you have in mind?

Oui, j'aimerais bien créer ma propre marque de vêtements. J'ai déjà dessiné des choses. J'attends les bonnes opportunités et les bons fournisseurs, car ce n'est pas si simple. J'y pense, sans pression.

Est-ce que tu bouges ton boule comme Beyonce ?

Oui, j'adore danser ! Entre 5 et 15 ans, j'ai suivi une formation de danseuse classique et modern jazz, j'ai fait de la GRS, de la gym. Je donne tout sur la piste.

Aimes-tu le cassoulet ?

Oui, j'aime tout et je mange de tout, surtout depuis que je remange de la viande. Le seul truc que je n'aime pas, c'est la glace à la menthe et au chocolat. Ne me sers jamais un *After Eight* avec mon café ! :)

Est-ce qu'il t'arrive de pleurer comme un petit caca devant *Grey's Anatomy* ?

Je ne regarde pas *Grey's Anatomy*, mais je pleure parfois devant les films qui me rendent triste. Le dernier dont je me souviens, c'est *Titanic*, mais ça ne date pas d'hier !

Tu es pour ou contre la moustache ?

Chez un homme ? :) Ni pour ni contre.

I remember having read somewhere about your interest in music. When will we hear you sing?!

:)

Quelle est LA paire de chaussures que tu sauverais du feu ?

Mes Miu Miu avec les gros nœuds. Je les trouve trop belles et je les ai payées très cher.

Que fais-tu de toutes tes fringues/chaussures ?
Tout est dans mon dressing. Et quand il n'y a plus de place, j'envoie tout chez ma mère. Sinon, je donne à mes amies, à ma sœur, à ma maman. Je ne fais pas de vide-dressing par respect pour les autres, je dirais. J'aurais presque l'impression de faire la charité. C'est peut-être idiot comme idée, mais c'est comme ça que je ressens les choses.

Comment vois-tu l'évolution de ta vie professionnelle dans 5 ou 10 ans ?
J'espère que j'aurai accompli mes projets en cours et que ça se sera passé comme je l'imagine. J'espère réaliser ce que j'ai en tête et avoir toujours plein d'autres idées, que ça ne s'arrête jamais. Le blog n'est plus d'actualité pour moi, du moins pas de la même manière qu'avant. Je reste toujours en éveil sur ce qui se passe.

Tu préférerais ne jamais avoir à te soucier de tes finances ou vivre dans un monde dans lequel les Pokémon existent vraiment ?
Je ne joue pas aux Pokémon car je suis pro-Mario Kart. Mais oui, je préférerais vivre dans un monde dans lequel je ne me soucierais pas de mes finances. Pas toi ? Mais avec Pokémon GO, de toute façon, ils existent déjà, non ? (Tu as été visionnaire car tu as posé la question avant la sortie de l'appli).

Pour une photo postée, combien de photos sont réellement prises ?

En général, pour Instagram, entre une quinzaine et une vingtaine, mais finalement, c'est souvent la première qui est la bonne, sans doute parce que c'est la plus spontanée.

How are you so perrrf?
Merci, c'est gentil. Lis le livre, tu verras. :)

Comment tu t'habillerais pour aller sur Mars ?

En toute simplicité, une petite combi argentée avec une paire de Buffalo compensées, des antennes et du papier d'aluminium sur la tête, et une bombonne d'oxygène estampillée « Betty ». Je ferais une petite photo pour Instagram et en commentaire, je mettrais : « Parés au décollage ? »

Es-tu secrètement fan de Johnny Hallyday ?

Je ne suis pas fan, mais j'aime son style et celui de ses fans. C'est le mec le plus connu en France, donc ça force le respect. Je suis fière de la réussite française de Johnny.

Pk la vi, pk la mor, pk tan de N, hein, pk ?

C'est un vaste sujet. On n'a toujours pas résolu le problème de l'œuf et de la poule, non plus. Le monde est plein de mystères ! Pour les résoudre, deux solutions : l'église ou la psychanalyse.

Quelle phrase ou quels mots résumeraient ta philosophie de vie, ton *leitmotiv* ?

Eh bé putain !

D'où vient ta passion pour les baignoires ?

Je baigne dedans depuis toute petite ! J'adore me ramollir dans l'eau pendant des heures jusqu'à ce qu'elle soit froide.

Quel est le dernier rêve dont tu te souviens ?

Ce matin, je perdais mes cheveux, tout tombait, tout devenait court.

Comment puis-je faire pour choper @benjbel ?

Alors, choper Benjbel nécessite la maîtrise d'une technique fastidieuse et l'élaboration d'un plan complexe. Je suis justement en train de préparer un second livre de conseils à ce sujet. À modérer tout de même : BenjBel est très généreux en bisous. Une bouteille de whisky fera l'affaire pour le piéger dans vos filets. Uniquement le mardredi.

Quel animal aimerais-tu être ?

Je n'aimerais pas être un animal. Je suis bien en être humain. J'aime trop avoir la chance d'être un être humain. Au pire, je serais un chien ou un chat dans une famille de gens célèbres. Le chihuahua de Paris Hilton, par exemple.

Est-ce que Betty est ton vrai prénom ?

Ouiiii !!!!!

On fait une coloc' ? Je suis sûre qu'on fait la même taille de fringues.

MDR ! Oui, mais la place est déjà prise. Mes potes squattent tous les jours et ils font la même taille que moi.

Est-ce que tu as un surnom ?

Non, parce que j'ai déjà un prénom court. Sinon, Betchine, Boulette en ce moment, mais ça change toutes les semaines. Ou Madame Claude, parce que je m'étais acheté un manteau de fourrure.

As-tu un œil critique sur les autres ?

Oui, mais en même temps, j'ai toujours l'impression que tout le monde est beau et va très bien alors que je réalise souvent que les gens sont aussi complexés que moi.

Si, le temps d'une journée, tu pouvais être un personnage des Simpsons, lequel serais-tu ?

Je serais Bart, pour faire plein de conneries avec Milhouse, ou bien Homer, pour manger toute la journée.

Pourquoi ne jamais avoir organisé de meet-up avec tes lecteurs ?

La vraie réponse ? Je tiens à garder une part de mystère. J'aurais peur de paraître trop sympa et de perdre mon côté peste :)

Quelle est LA collaboration que tu aimerais faire ?

J'adorerais créer une paire de chaussures avec Giuseppe Zanotti, ou une collection capsule chez Topshop ou Asos (petit appel du pied au passage ?!).

As-tu des regrets dans la vie ?

Je suis contente d'être là où je suis, d'être comme je suis. Il m'est arrivé de subir des événements, mais jamais au point que ça provoque des regrets. Par exemple, j'aurais peut-être dû écourter certaines relations amoureuses ou amicales, mais ce ne sont pas toujours des choses dont on se rend compte sur le moment.

Comment fait-on quand on a l'initiale de son ex tatouée sur son poignet ? #erreurdejeunesse ?

#jaiprévudelafairerecouvrir. D'ailleurs, faut que j'y aille ! Mais ce tatouage ne m'empêche pas de vivre.

Quel est ton plus beau souvenir de voyage ?
Mes road trips aux États-Unis. Les paysages étaient vraiment fous, j'aime tellement ce pays !

Est-ce que les gens t'arrêtent dans la rue et te demandent un autographe ?
Oui, ça m'arrive souvent, mais on me demande plutôt des selfies. Il y a aussi ceux qui me reconnaissent, qui se retournent et me fixent sans pour autant me demander quoi que ce soit. Les gens m'accostent également lors des events ou des défilés.

Entre blogueuses, êtes-vous jalouses les unes des autres ?
« Les jaloux vont maigrir. »

Quel est ton post préféré ? Lequel as-tu regretté ?
J'aime bien mes posts de vacances. Pour les regrets, je n'en ai pas en tête. Peut-être certains looks dont je n'étais pas tout à fait sûre mais que j'ai tout de même postés en me disant que c'était le jeu aussi, celui de plaire ou… de déplaire.

Penses-tu finir ta vie à Paris ?

Aucune idée. En tout cas, j'espère que j'aurai plusieurs vies dans d'autres pays. Mais j'aime Paris et la France. Difficile à dire donc, ça dépend des rencontres, des opportunités...

Pourquoi tu ne réponds jamais au téléphone ?

J'ai la phobie du téléphone. Je ne réponds qu'aux numéros que je connais et encore, quand j'en ai envie. Je trouve que c'est très intrusif, sinon, ça me met mal à l'aise. Devoir répondre tout de suite à une sollicitation me met au pied du mur, je me sens alors prise au piège.

Quel est le truc le plus inavouable que tu aurais à nous avouer ?

Je crois que j'en ai déjà dit pas mal dans mon livre, vous avez eu votre dose, non ? J'en garde un peu pour le tome 2 ;).

C'est quoi ton plat préféré ?

La pizza !!! C'est le meilleur plat au monde, surtout avec du fromage !

Quel fashion faux pas peux-tu tolérer ?

Il n'y a pas de fashion faux pas. Je tolère tout. Les goûts et les couleurs, ça ne se discute pas...

Où aimerais-tu aller si tu pouvais transplaner ?
J'irai transplaner sur une petite plage, pépère, au soleil, comme tout le monde !

Serais-tu prête à poster une photo de toi au réveil ?
Je l'ai déjà fait sans maquillage, endormie la veille les cheveux mouillés, *etc.* sur Snapchat.

Est-ce que tu es aussi canon en vrai ?

En toute objectivité... OUI ! :)

Comment arrives-tu à gérer ton image sur la Toile sans que ça nuise à ta vie amoureuse ?
Ma vie amoureuse ne dépend pas de mon image, elle dépend simplement de moi et de la personne avec qui je suis. Comme tout le monde, je distingue mon métier de ma vie privée.

Tu n'aurais pas un langage codé, avec tes amis ?
Si, on est d'ailleurs en train d'établir un dictionnaire officiel dont l'auteur principal est Benjbel.

Comment gères-tu ton image quand, sur Snapchat, tu donnes l'impression d'être déchirée H24 ?
C'est juste mon job d'être joyeuse, de sortir, de m'amuser et, pour tout dire, je ne me suis jamais montrée vraiment « déchirée H24 » sur les réseaux.

Quel est ton dinosaure préféré ?
Diplo !

Quelles sont tes fleurs préférées ?
J'aime l'odeur des pensées et les compositions dans les tons roses.

Je suis une frangée moi-même... Comment te sentirais-tu sans ta frange ?
Je suis frangée un jour sur deux, donc je le vis bien.

Serais-tu prête à porter le pire pull de Noël ?
Je trouve ça marrant, donc oui, totalement !

Quelle est l'époque dans laquelle tu aurais aimé vivre ?
J'aime mon époque, j'aime aussi être nostalgique des années 1990, mais je n'aurais pas forcément aimé avoir 30 ans dans ces années-là.

Quel a été le plus beau jour de ta vie jusqu'à aujourd'hui ?

Chaque jour qui passe est un beau jour, mais j'aime penser que le plus beau jour de ma vie reste à venir. J'ai encore envie de vivre des tonnes de trucs trop cool !

Quel est le photographe que tu admires le plus ?

Terry Richardson, évidemment. Le fait de l'avoir rencontré et d'avoir fait des photos avec lui nous a liés. J'admire aussi Virgile Guinard, le photographe qui m'a shootée pour mon livre. Notre collaboration a très bien fonctionné et nous avons encore plein d'autres projets ensemble.

N'as-tu pas eu parfois l'impression de vivre davantage pour ton image que pour ce que tu es vraiment ?

En plein dans le mille ! Mais aujourd'hui, de moins en moins. C'est même un vrai challenge pour moi désormais. Ce n'est pas propre à moi, c'est le propre des réseaux et de leur surenchère permanente : quand tu es trop lisse, on te le reproche, et quand tu essaies d'être toi-même, on te le reproche aussi.

Est-ce la déferlante des blogs qui t'a lassée de ton propre blog ?

Oui et non. De nombreux blogs sont arrivés, certes, mais je trouve ça normal. Tout le monde a le droit de tenter sa chance. Pour ma part, je faisais ça depuis longtemps. J'ai senti que j'avais fait le tour de la question, j'avais simplement envie de changer.

Quel est ton pire et ton meilleur souvenir en tant que blogueuse ?

Mon pire souvenir : quand j'avais grossi un peu... beaucoup... et que j'étais trop mal dans ma peau. J'ai arrêté de poster, j'ai préféré m'effacer. C'est difficile quand tu dois avoir une image assez constante et que tu n'arrives plus à la tenir.
Le meilleur souvenir : mes rencontres, mes amis (Midine, Benjamin, etc.), ou même... mes amoureux !

Quelle serait ton anecdote la plus folle avec une lectrice ou un lecteur ?

Il y en a tellement ! J'ai eu la chance de rencontrer des lectrices avec lesquelles je me suis liée d'amitié (coucou, Pöl !). Mon éditrice était une fidèle lectrice, avant de frapper à la porte de mon agent pour me proposer d'écrire un livre. Et parfois, il m'est arrivé de rencontrer des lectrices à l'autre bout du monde. Au Brésil, par exemple, mes lectrices sont de vraies fans.

Quelles seraient les trois choses que tu emporterais sur une île déserte ?

J'emporterais mon blush, car même sans maquillage, j'aime avoir les petites joues roses, mon poids en Snickers® glacés, car je ne pourrais pas vivre que de noix de coco et de poissons, et une petite radio pour écouter tout le temps de la musique.

Qu'est-ce que tu regrettes le plus depuis que tu es une blogueuse reconnue ?

Rien de spécial, c'est plus positif que négatif, sauf quand je me sens trop bridée. Je tiens à ma liberté.

En devenant de plus en plus reconnue dans le secteur de la mode, as-tu ressenti une certaine hypocrisie dans ce milieu ou as-tu toujours réussi à t'entourer de personnes de confiance ?

L'hypocrisie est partout, même si je comprends que c'est l'image qui colle souvent à ce milieu. Pourtant, on y rencontre aussi des personnes qui ont les mêmes valeurs que soi. Comme partout, il y a des gentils et des méchants.

REMERCIEMENTS

BETTY

J'ai un peu flippé concernant l'écriture de cette partie, je me suis tout de suite imaginée aux Oscars en train de remercier ma famille et mes amis... la larme à l'œil et oublier la moitié des personnes sous le coup de l'émotion ! Hahaha !
Exercice difficile effectivement de remercier, ça ne se limite pas à un livre mais l'histoire de tout une vie. Je pourrais d'abord remercier mes ancêtres d'avoir fait en sorte que, par le plus grand des hasards, je sois arrivée sur Terre... Mais bon, non, ça va trop loin, là.

Je vais donc commencer par ma famille : ma maman Gisèle, ma grand-mère Oma et ma sœur Julie. Je suis ce que je suis grâce (ou à cause) à elles. Et je les aime. Oma est partie à l'âge de 99 ans et j'ai envie de lui dire que j'essaierai de réussir là ou elle a échoué si près du but : être centenaire <3.

À Cléo et Sem, gros bisous.

Sans transition, je voudrais remercier mes amis, ma seconde famille, et plus particulièrement (par ordre alphabétique, sinon ils vont me faire une crise de jalousie) :

Alex, Benjamin, Charlotte, Lucie, Midine, Sarah. Ils sont mon noyau dur, ceux avec qui 12 heures sans leur parler est inconcevable.

Merci aussi à mes compagnons de Fever, tous les habitués de la Balconite et de Poudlard. Je vous aime !

Mes voisins, qui sont soit sourds... soit très patients... soit assez riches pour avoir fait une insonorisation complète de leur appart... ou soit juste méga cool !

Benjamin Netter : Benjnet jtdr jpp2toi kwad9, au-delà de mon blog que tu répares régulièrement et de toutes ces questions techniques « à la mormoualeuneu » que je te pose et auxquelles tu as réponse à tout : tu es un super ami et on ne se voit pas assez souvent !

À toutes les marques qui m'envoient des goodies (hihihi) !

Au Burj Khalifa !

Aux gens que je connais depuis moins longtemps que les autres mais que j'aime déjà beaucoup, mais dont j'ai peur qu'ils trouvent ça « awkward » d'être dans les remerciements « Ouech, elle a pas d'amie ou quoi ? ».

Laura, Rémi, Étienne, ETC. (Etc. étant une façon de me dédouaner).

Aux membres du Club Chicha.

À Pascal, Karim et Élodie qui me rendent belle (ou un peu moins moche).

Et puis la BASE : VOUS ! OUI TOI, LÀ !

Grosse pensée pour mon agent Patrick Lemire qui me manque et qui a été l'un des premiers à croire en moi, c'est lui qui m'a présenté Carol Mason, que je remercie bien évidemment x 1000 d'exister, de me supporter, de m'aimer un peu comme sa fille, même si elle n'a pas tout à fait l'âge d'être ma maman (et puis Gisèle va tirer la tronche, donc ne nous étalons pas trop ici !).

Merci à : Anne Kalicky mon éditrice ! Coucou, toi ! Bah oui, merci Anne d'avoir passé ces après-midi ensemble à travailler sur le livre, au *Pain quotidien* de la rue Montorgeuil ! D'avoir été en *guest* de mes premiers périscopes et tout simplement d'avoir eu envie de travailler avec moi, j'espère que tu ne regrettes rien ! Tu as plein de potins sur moi et j'espère que tu sortiras une biographie *Betty non-authorized* sous un autre pseudo ^^.

Merci au Bureau des Affaires Graphiques, à Suzanne et à Magdalena pour la réalisation graphique de mon livre.

Merci à Guillaume Robert et aux éditions Flammarion de m'accueillir parmi leurs publications. Je suis fière, fière, fière.

Un gros merci à Virgile avec qui j'ai fait plein de photos pour ce livre ! On s'adore, notre duo fonctionne merveilleusement bien et je suis plus que contente de nos futures collaborations ! Ma petite Virgule : Gros poutoux poutoux.

ANNE KALICKY – COMPTOIR ÉDITORIAL

Je remercie Betty pour son enthousiasme tout le long de ce projet de livre, pour sa confiance, sa très agréable collaboration, nos moments de rire et l'amitié qu'elle m'a accordée durant cette grande aventure. Je remercie Carol Mason de l'agence ZZO pour sa confiance également, son humour et son soutien précieux. C'est grâce à elle que tout a commencé. Un immense merci à Guillaume Robert, directeur litteraire chez Flammarion, d'avoir immédiatement cru en cet ouvrage et de l'avoir défendu. Merci sincèrement pour cette belle collaboration.

Mille, mille, mille mercis à Suzanne Thoma du Bureau des Affaires Graphiques de m'avoir suivie dans l'envie de ce projet, avec tout son talent et sa bonne humeur. Un grand grand merci à Magdalena Jajte pour son aide infiniment précieuse également. Merci à Clémentine Sanchez pour son indéfectible vigilance. Merci à Virgile Guinard pour ses magnifiques photos. Merci à la Maison Lancaster et à Thierry Chang pour leur aide.

Crédits photos

Collection privée Betty Autier

Virgile Guinard :

Couverture et sommaire,
pp. 60-61, t62-63, 66-67, 68-75, 108-109, 111, 112, 115, 116-117, 118-119, 120-121, 126-127, 128-129, 130-131, 135, 136, 150-151.

Maison Lancaster :
pp. 48-49

Magazine *Paulette*, photographe : Mathieu Dortomb :
pp. 51

Jean Picon :
pp. 54 (photo en bas)

Alexandra Utzmann :
pp. 84-85

Achevé d'imprimer en août 2016
par Lego en Italie.